Patr

Génial 3

livre de l'étudiant

Oxford University Press

OXFORD
UNIVERSITY PRESS

Great Clarendon Street, Oxford OX2 6DP

Oxford University Press is a department of the University of Oxford. It furthers the University's objective of excellence in research, scholarship, and education by publishing worldwide in

Oxford New York

Athens Auckland Bangkok Bogotá Buenos Aires Calcutta Cape Town Chennai Dar es Salaam Delhi Florence Hong Kong Istanbul Karachi Kuala Lumpur Madrid Melbourne Mexico City Mumbai Nairobi Paris São Paulo Shanghai Singapore Taipei Tokyo Toronto Warsaw

with associated companies in Berlin Ibadan

Oxford is a registered trade mark of Oxford University Press in the UK and in certain other countries

Reprinted 2000, 2001

ISBN 0 19 912195 8

Acknowledgements

Qu'est-ce que je fais, moi, dans la vie?
J'écris des romans que personne ne lit.
Claire, Noces de Papier

The authors would like to thank the following people for their help and advice: Maureen Coyle, Vivienne Cunneen, Holly and Caitlin Elston, Erica and Guy Grundy, Nick and Sylvie Johns, Kate McEnroe, Robert Melaugh, Evelyne and John Muchajer, Étienne N'Djoré, Angela O'Donnell, Susan Prichard, Karen Stone, and Marie Vinet, with very special thanks to Lesley Smith.

The publishers would like to thank all those who trialled and reviewed the materials. Thanks also to the teachers and pupils at the following schools: Peers School, Oxford; Marlborough School, Woodstock.

All songs are by Tony Elston. All music was arranged and produced by Andy Parker. The speech was recorded at Post Sound and the songs at Air-Edel.

Illustrations are by Kathy Baxendale, Stefan Chabluk, Tom Croft, Peter Ducker, Clive Goodyear, Sophie Grillet, Andrew Keylock, Maggie Ling, Jon Riley, Linda Schwab, Harry Venning.

Studio photography by Martin Sookias. Location photography by Tony Elston, Richard Garratt, David Simpson (DAS). Additional photographs by Michelle Barrie.

Front cover photograph by Martin Sookias.

The publishers would also like to thank the following for the use of copyright material: Agence France Presse p6 (d), p19 (h); Dorling Kindersley/Hachette Livre © Dorling Kindersley Limited, London 1995, © Hachette Livre (Hachette Tourisme) 1996 pour la traduction et l'édition française p54 (c); Editions Nathan p30 (a); France 2/Robert Picard p10; Gallimard Jeunesse p18 (a), p54 (a); Image Bank/David de Lossy p64 (a), p65 (c); Infos Junior/Fleurus Presse p30 (b), p66 (d) © GEC Alsthon/Bombardier; Jeune et Jolie/Lamotte p19 (g); Living Tomorrow/La maison du futur p18 (d); Orion Publishing (back cover top right); P & T Production p28 (greetings card) © Philippe Geluck 1987; Parc Astérix p18 (f); Pearson Television/Rowan Atkinson p13 bottom right; Planet Hollywood p42 (f); Reuter/Bob Care p85; Rex Features p7 (g), p37 (2), p43 (h); Tous mes amis Ltd p7 (j); Vandystadt/G. Planchenault p84.

A catalogue record for this book is available from the British Library.

Typeset and designed by Peter Ducker MSTD

Printed in Hong Kong

Table des matières

Bienvenue à Génial 3!

Génial 3, c'est ...

un livre

un cahier

une cassette.

Quelques instructions dans Génial.

Écoute.

Parle.

Travail à deux.

Lis.

Complète.

C 6 Réponds dans ton cahier sur la page indiquée.

Réponds dans ton cahier sur la feuille d'exercice.

Important!

Qu'est-ce que c'est en anglais?

Qu'est-ce que c'est en français?

Comment?

Je ne comprends pas.

C Chante. *Sing.*
Choisis ... *Choose ...*
C'est quelle image? *Which picture is it?*
C'est quelle photo? *Which photo is it?*
C'est qui? *Who is it?*
Complète. *Complete.*

D Décris ... *Describe ...*
Deux sur trois sont ... *Two out of three are ...*
Discutez vos réponses. *Discuss your answers.*

E Écoute. *Listen.*
Écoute encore une fois. *Listen again.*
Écris. *Write.*
Et toi? *What about you?*

F Fais des phrases. *Make sentences.*
Fais un sondage. *Do a survey.*
Faites une interview. *Do an interview.*

I Invente ... *Make up ...*

L Lis. *Read.*

M Mets dans le bon ordre. *Put into the right order.*

P Parle de ... *Talk about ...*
Pensez à ... *Think of ...*
Posez des questions. *Ask questions.*
Prononce. *Pronounce.*

R Regarde ... *Look at ...*
Relie. *Match up.*
Répète. *Repeat.*
Réponds. *Answer.*

T Travail à deux. *Work with a partner.*
Trouve ... *Find ...*

V Vrai ou faux? *True or false?*

1 Sympa, non?

1 Lis.

a

b

c

CLASSIQUE MAIS BEAU

C'est vrai, il est cher! 1545 francs. Mais il est aussi très cool. Le teddy Chevignon.

d

e

COMMENT TROUVER UNE PETITE AMIE?
6 36 70 21 08

COMMENT TROUVER UN PETIT AMI?
6 36 70 21 09

À quoi pense un garçon?
6 36 70 21 05

À quoi pense une fille?
6 36 70 21 06

TEST
ETES-VOUS SEXY ?
6 36 70 21 07

3,20F la minute

f

À TOI

SUPER		NUL
	GROUPE	
	CHANTEUR	
	CHANTEUSE	
	DANSEUR	
	DANSEUSE	
	C.D.	
	VIDÉO CLIP	
	LOOK	
LE PLUS SEXY		LA PLUS SEXY
LE (LA) PLUS INTELLIGENT(E)		LE (LA) MOINS INTELLIGENT(E)
LE (LA) PLUS ORIGINAL(E)		LE (LA) MOINS ORIGINAL(E)

NOM .... Prénom ....
Age .... Adresse ....
.... Ville ....

Envoyez ce bulletin à Super Mag
73, rue Pascal, 75013 Paris

g

ETERNAL

VERNIE BENNET
la petite maman
Vernie est la plus adulte de la bande. Elle est la sœur d'Easther.

KELLE BRYAN
la chorégraphe
Elle est la plus jeune de la bande, mais elle est très calme.

EASTHER BENNET
la plus belle voix
Elle a un an et demi de moins que Vernie, et six autres frères et sœurs!

h

L'anglais c'est facile!

Fais-toi des compliments de temps en temps, avec cette petite liste.

I'm pretty cool.
Je suis très cool.

I'm pretty funny!
Je suis très amusant!

I'm unique!
Je suis unique!

I'm a sweetheart!
Je suis un vrai trésor.

I'm amazing!
Je suis incroyable!

La Carte Jeunes, c'est pour les moins de 26 ans !

PAYEZ MOINS... ET VIVEZ PLUS!

POUR 150F SEULEMENT, DES RÉDUCTIONS DE 5% À PLUS DE 50% ET DES AVANTAGES PERMANENTS SUR:

- *les livres*
- *les cassettes audio*
- *les C.D.*
- *le matériel de sport*
- *les vêtements*
- *l'entrée dans les musées*
- *les transports et les voyages*

... et sur beaucoup plus!

i

j

2 C'est quelle lettre?

Exemple **1 – g**

1 C'est un groupe britannique.
2 Un magazine demande ton opinion.
3 C'est une carte d'identité.
4 Ici, il y a de l'anglais et du français.
5 Voici cinq numéros de téléphone qui sont très chers!
6 C'est un gag.
7 «Je porte mon T-shirt noir quand ça va, et mon T-shirt blanc quand ça ne va pas.»
8 Voici un garçon qui a un petit job.
9 C'est un vêtement bleu marine, blanc et rouge.
10 Tu peux économiser de l'argent ... si tu achètes ça!

Tu es comment?

1 Écoute *et* lis.

1 J'aime bien les garçons et les filles de ma classe, même Jules et Julie. Ils sont comment, Jules et Julie? Regarde ma bande dessinée.

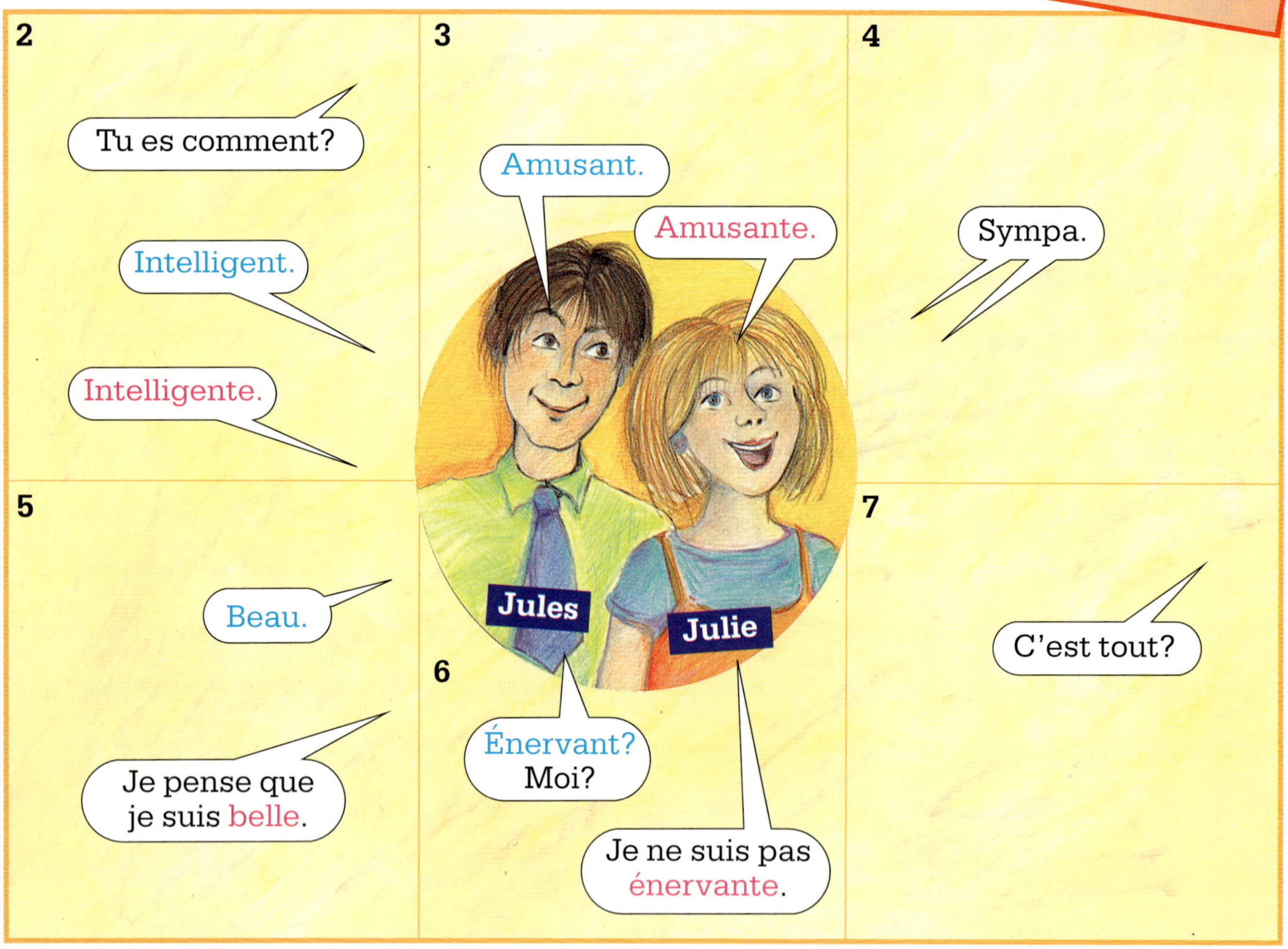

2 Écoute. C'est quelle image?

a	4	b	?	c	?	d	?	e	?	f	?

3 C'est qui?

Regarde l'exercice 1.
Complète avec **Jules**, **Julie**, ou **Jules ou Julie**.
Exemple **1 – Julie**.

1. Je suis intelligente.
2. Je suis très amusant.
3. Je pense que je suis sympa.
4. Je pense que je suis amusante.
5. Je suis très beau.
6. Je ne suis pas énervant.
7. Je suis belle.
8. Je pense que je suis très intelligent.

Ils sont comment?	*What are they like?*
sympa	*nice*
beau, belle	*good-looking*
énervant, énervante	*annoying*
Je pense que	*I think that*
assez	*quite*

4 Travail à deux.

Et toi?
Tu es comment?

Je pense que je suis	(assez) (très)	intelligent. amusant. beau.	intelligente. amusante. belle.
		sympa. modeste.	

Je suis Je ne suis pas	(très)	énervant.	énervante.

C 5, 6

C'est cool

1 Lis.

«C'est cool» est une série
sur France 2.
Voici les 5 stars de
«C'est cool».

2 Lis *et* réponds.

Vrai ou faux?

1 Axel est assez petit.
2 Il porte un béret.

3 Basile porte un sweat jaune.
4 Il a les cheveux noirs.

5 Alice a les cheveux bruns.
6 Elle est à côté d'Axel.

7 Djamel est à côté d'Alice.
8 Il porte un sweat bleu.

9 Nina a les cheveux blonds.
10 Elle est devant Djamel.

3 Regarde l'exercice 2.

Corrige les phrases fausses.

Exemple **1 – Axel est assez grand.**

C 7

4 Travail à deux.

Attention aux apparences!

Qu'est-ce que vous pensez?
Complétez avec **est** ou **n'est pas**.

Exemple **1** – Je pense que le numéro 1, c'est «Il **est** assez intelligent.»

Axel
1 Il ______ assez intelligent.
2 Il ______ fou de musique.

Basile
3 Il ______ assez sympa.
4 Il ______ très calme.

Alice
5 Elle ______ très sympa.
6 Elle ______ souvent énervante.

Djamel
7 Il ______ souvent énervant.
8 Il ______ modeste.

Nina
9 Elle ______ très intelligente.
10 Elle ______ folle de garçons.

Vous avez fini?
Consultez les solutions à la page 112.

C 8

5 Écoute *et* répète.

Regarde la liste à droite.

6 Écoute. Deux sur trois sont ...

Réponds avec **m** (= au masculin)
ou **f** (= au féminin).

a	**f**	**b**	**?**	**c**	**?**	**d**	**?**
e	**?**	**f**	**?**	**g**	**?**	**h**	**?**

au masculin	au féminin
grand	grande
petit	petite
intelligent	intelligente
amusant	amusante
énervant	énervante
beau	belle
fou de ____	folle de ____
sympa	
calme	
modeste	

fou de, folle de — *crazy about*

7 Décris des membres de ta famille, tes amis – ou tes professeurs!

Regarde aussi l'exercice 5.

Mon frère Daniel est assez petit.
Il a 15 ans et il a les cheveux bruns.
Il porte des lunettes.
Il est très amusant et assez sympa.

Mon frère ____ Mon ami ____ Monsieur ____ Il Ma sœur ____ Mon amie ____ Madame ____ Elle	est n'est pas	(très)	grand petit	grande petite	et	il ... elle ...
	a ____ ans					
	a les cheveux	blonds bruns noirs roux				
	porte des lunettes					

C 9, 10

Ils sont comment?

Karaoké

1 Écoute *et* chante.

Toi, tu es comment?
Elle est comment, ta mère?
Décris tes sœurs.
Ils ont quel âge, tes frères?

J'ai les cheveux bruns.
Je m'appelle Nicolas.
Je pense que ma mère
est assez sympa.

Ma grande sœur s'appelle Rose.
Elle est très amusante.
Ma petite sœur Élise
est très intelligente.

Mon petit frère est … petit.
Mon grand frère, il est … grand.
Ils s'appellent Carl et Paul.
Ils ont dix et quinze ans.

Et toi et tes amis?
Vous êtes comment?
Vous avez des points communs?
Vous êtes calmes ou bruyants?

Nous sommes fous de musique.
Nous sommes souvent sympa.
Par contre, nous sommes
énervants quelquefois.

Par exemple, Marc et Pierre,
ils inventent des chansons
à propos de nos profs
pendant la récréation.

Claire et Flore sont folles
quand elles jouent au basket.
Elles pensent que c'est cool
de porter des lunettes …

quelquefois	*sometimes*
à propos de nos profs	*about our teachers*
pendant la récréation	*during breaktime*

2 Regarde le karaoké. Trouve le français.

Exemple **1 – Mon petit frère.**

1 My little brother.
2 My little sister.
3 My big brother.
4 My big sister is called …
5 They are called …
6 What are you like?
7 What is she like?
8 I think that …
9 Describe your sisters.
10 We are annoying sometimes.

C 11

Dossier

1 un jeu …

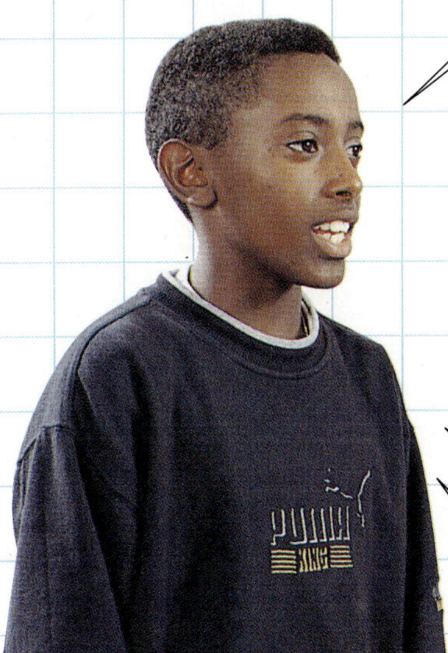

Je pense à un prof.
C'est un homme ou une femme?
Un homme.
Il est grand ou petit?
Petit.
Il est sympa?
Non. Il n'est pas sympa.
C'est Monsieur Hall?
Oui. Bravo. À toi.

2 un poster …

Je pense que je suis très belle.

Je porte des lunettes de soleil, même quand il pleut.

Je ne suis pas folle de mon petit frère.

3 des descriptions de stars …

Je pense que ma sœur est très énervante.

Mr Bean n'est pas très beau.

Problèmes d'argent

1 La Maison des Jeunes

1 Écoute *et* lis.

1 Adrien, Karima et Vincent habitent à Grasse, une petite ville dans le Midi de la France. Mélanie habite à 20 kilomètres de Grasse. Mélanie, Adrien, Karima et Vincent sont de très bons amis.

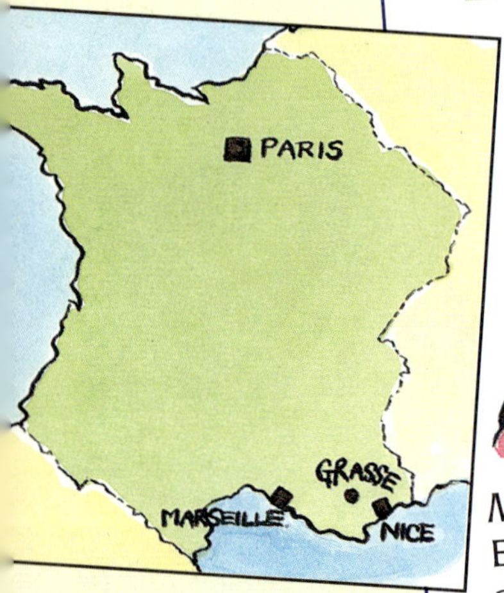

Mélanie Noël, 16 ans
Elle est sympa, et elle adore sortir avec ses copains.

Adrien Berger, 17 ans
Il est amusant, et il est fou de Mélanie.

Karima Aïssi, 17 ans
Elle est très calme et très intelligente.

Vincent Rochel, 16 ans
Il ne parle pas beaucoup, mais il est assez généreux.

2 Un soir, Mélanie, Adrien, Karima et Vincent se retrouvent en ville, devant la gare.

3 Il y a un long moment de silence. Puis …

le Midi de la France	*the South of France*
qu'est-ce qu'on fait?	*what shall we do?*
tu veux sortir avec moi?	*do you want to go out with me?*
fermé, fermée	*shut*

2 Regarde l'exercice 1. **a** ou **b** ?

Exemple **1 – b**

1 Mélanie, Adrien, Karima et Vincent ont entre **a** quinze et seize **b** seize et dix-sept ans.

2 Grasse est dans le **a** nord **b** sud de la France.

3 Mélanie, Adrien, Karima et Vincent **a** sont **b** ne sont pas copains.

4 Mélanie **a** habite **b** n'habite pas à Grasse.

5 Adrien a les cheveux **a** noirs **b** blonds .

6 Aujourd'hui, les quatre amis sont **a** à Paris **b** à Grasse .

7 Karima **a** voudrait **b** ne voudrait pas jouer aux jeux vidéo.

8 Adrien **a** aime **b** n'aime pas beaucoup Mélanie.

Tu es sympa?

1 Lis.

coin correspondant

A

J'ai 15 ans, je suis de Guadeloupe et je voudrais un correspondant ou une correspondante qui habite en Europe. J'adore aller chez des copains et faire du shopping. Par contre, je n'aime pas regarder la télé. C'est ennuyeux!

François Monsaint, Pointe-à-Pitre, Guadeloupe

B

Moi, j'ai 16 ans, je suis guitariste dans un groupe. Je cherche un(e) correspondant(e) qui adore les boums. Je pense que je suis super sympa, amusante, cool, sexy – et super modeste!

Émilie Pereira, Namur, Belgique

C

J'ai 13 ans. Mon loisir préféré est le cinéma. Ma cuisine préférée est la cuisine italienne. Mes matières préférées sont le français et l'anglais. Par contre, je déteste la biologie et la physique.

Jean-François Fidgenon, Lomé, Togo

D

Je voudrais correspondre avec des garçons et des filles de Grande-Bretagne. J'ai 14 ans. Je suis folle de football, et j'adore faire du karaté et du judo. J'aime aussi écouter de la musique reggae.

Laure Diderot, Québec, Canada

2 C'est quelle lettre?

Exemple **1 – D**

1 Elle a quatorze ans.
2 Il a quinze ans.
3 Il a treize ans et il aime beaucoup les langues.
4 Elle a seize ans.
5 Il a les cheveux blonds.
6 Elle a les cheveux noirs.
7 Il adore regarder des films.
8 Elle veut des correspondants en Angleterre, en Écosse ou au pays de Galles.
9 Il aime probablement les spaghettis et les pizzas.
10 Elle habite près des États-Unis.
11 Il n'aime pas les sciences.
12 Elle joue d'un instrument de musique.
13 Il aime aller chez des amis.
14 Elle est assez sportive et elle aime beaucoup les arts martiaux.
15 Il aime beaucoup faire les magasins.

3 Regarde l'exercice 1.
Puis invente une annonce pour Coin Correspondant.

4 Réponds aux cinq questions par **a**, **b** ou **c**.
Puis calcule ton score.

1 Une amie te demande 30 francs pour un magazine.

a Tu dis: «Pas de problème.»
b Tu hésites, parce que ton amie a beaucoup de magazines à la maison.
c Tu refuses.

2 Tu aides souvent à la maison?

a Oui, souvent.
b Oui, de temps en temps.
c Non, jamais.

3 Une personne dans ta classe a un problème avec ses devoirs. Tu dis:

a «Oui, c'est difficile. On travaille ensemble?»
b «Parle au professeur.»
c «Mais tu es vraiment stupide. C'est facile!»

4 Un ami a un super bulletin scolaire.

a Tu dis: «Bravo!»
b Tu dis: «Moi aussi, j'ai un super bulletin scolaire.»
c Tu changes de sujet.

Calcule ton score

a – 3 points
b – 2 points
c – 1 point

5 à 8 points
Tu es sympa de temps en temps.
9 à 12 points
Tu es souvent sympa.
13 à 15 points
Tu es vraiment super sympa – ou tu as menti!

5 Ton amie t'invite à aller au cinéma. Tu n'aimes pas le film. Tu dis:

a «Il y a un autre film que tu voudrais voir?»
b «Non, merci.»
c «Beurk! Je préfère faire mes devoirs.»

On travaille ensemble?	*Shall we work together?*
un super bulletin scolaire	*an excellent school report*
tu as menti	*you have lied*

2 Chez moi

1 Lis.

a

b

c

d

e

f

g

h

Plus de 2,5 millions de SDF en Europe

Aujourd'hui il y a plus de deux millions et demi de SDF en Europe, surtout en Allemagne, en Grande-Bretagne et en France.

Noël pour un SDF à Paris.

Portugal	2 500
Espagne	30 000
Irlande	5 000
Italie	90 000
Pays-Bas	30 000
France	650 000
Grande-Bretagne	700 000
Allemagne	1 000 000

un SDF
a homeless person

i

maisons

appartements

ST COLOMBIER. Très belle maison de style néo breton comprenant : salon séjour avec cheminée. Cuisine aménagée. 5 chambres. Mezzanine. Cave. Garage. Terrain clos de 850 m2. **Prix : 907 500 Frs.**

LE ROALIGUEN. Idéal vacances, dans résidence avec piscine, petite maison avec 2 chambres mezzanine . Jardinet. **Prix : 302 000 frs**

NANTES - BEAULIEU - Superbe T4 de 86 m2. Cuisine aménagée et équipée, grande loggia, garage et cave. Réf. : 695 - **Prix : 495 000 frs - EXCLUSIVITE**

NANTES - BEAULIEU - Très beau T4 avec grand balcon. Vue superbe sur Loire et la campagne. Etat irréprochable. Chauffage individuel gaz, immeuble ravalé, ascenseur, interphone et parking privé. Réf. : 832 - **Prix : 470 000 frs** - EXCLUSIVITE

j

2 C'est quelle lettre?

1 C'est un livre.
2 Astérix et Obélix habitent ici.
3 Voici une question sur les accidents.
4 Ici, il y a une petite piscine, une grande piscine, et des appartements.
5 Original, non? Voici deux vêtements très originaux.
6 C'est demain … mais aujourd'hui!
7 On peut visiter ça. C'est très grand, et c'est à l'Ile Maurice.
8 Ici il y a deux images, deux photos et quatre descriptions.
9 C'est un article sur des personnes qui n'ont pas beaucoup d'argent.
10 Voici le nom d'un ex-Premier Ministre britannique.

Tu aimes habiter là?

1 Écoute.

Génial
Nom: Denis
Prénom: Robin
Habite: Québec, avec sa mère
Famille: un frère (Simon), une sœur (Audrey)

1

2 C'est qui? **Robin**, **Simon** ou **Audrey**?

a	b	c	d	e	f
Robin	?	?	?	?	?

Tu aimes habiter là?
Do you like living there?

3 Travail à deux. Posez des questions.

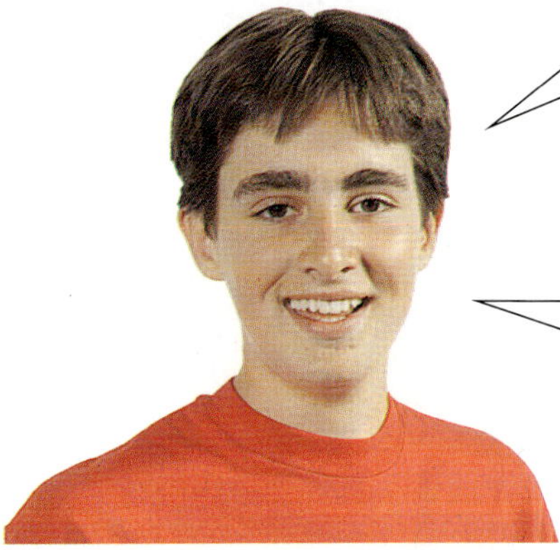

J'habite dans	une maison. un appartement.

J'habite	en ville. à la campagne.

4 Écoute. Ils habitent en **ville** ou à la **campagne**?

Réponds avec **v** (= en ville) ou **c** (= à la campagne).

a	b	c	d	e	f
v	?	?	?	?	?

5 Travail à deux. Posez des questions.

Tu aimes habiter là où tu habites?

Oui. J'aime bien.	Non. Je n'aime pas.
Pourquoi?	Pourquoi?
Parce que c'est beau. / calme.	Parce que c'est bruyant. / ennuyeux.
Il y a beaucoup de choses à faire.	Il n'y a pas beaucoup de choses à faire.
Il y a un centre sportif. / une bibliothèque. / des magasins.	Il n'y a pas de centre sportif. / bibliothèque. / magasins.

C 13

Avantages et inconvénients

1 Écoute *et* lis.

Brétigny-sur-Orge, le 10 novembre

Cher Génial,

J'habite dans une maison à Brétigny-sur-Orge, qui est une petite ville à 30 kilomètres de Paris. Quels sont les avantages et les inconvénients? Premièrement, c'est très calme. Deuxièmement, la campagne est tout près. Troisièmement, ce n'est pas loin de Paris. Mais aller à Paris, c'est très cher.

Je voudrais avoir un petit job dans un magasin, mais c'est impossible parce qu'il n'y a pas beaucoup de magasins ici. J'aime habiter près de mes amis, mais il n'y a pas beaucoup de choses à faire à Brétigny. Il y a une piscine et un petit cinéma, et c'est tout. Il n'y a même pas de parc.

Est-ce que j'aime habiter ici? Je pense que ça va quand on est petit. Par contre, c'est très ennuyeux quand on a seize ans. Un jour, je voudrais habiter une grande ville comme Paris ou Marseille.

amitiés

Laila

Quels sont … ?	*What are … ?*
les inconvénients	*the disadvantages*
premièrement	*firstly*
tout près	*very near*

2 Travail à deux.

Et toi?
Tu habites où?
Tu aimes habiter là?
Quels sont les avantages?
Et quels sont les inconvénients?

3 Lis la lettre encore une fois.

Puis complète avec **a** (= avantage) ou **i** (= inconvénient).

Exemple **1 – i**

1 Il n'y a pas de parc.
2 Il y a une piscine.
3 J'aime habiter près de mes amis.
4 C'est impossible d'avoir un petit job.
5 C'est très calme.
6 Aller à Paris, c'est très cher.
7 Il n'y a pas beaucoup de magasins.
8 Il n'y a pas beaucoup de choses à faire.
9 La campagne est tout près.
10 Ce n'est pas loin de Paris.

C 14, 15

4 Écoute.

à vendre	*for sale*

5 Travail à deux.

Qu'est-ce qu'il y a chez toi?

Il y a	un living un jardin une cuisine une salle de bains trois chambres	et …

C 16, 17

Qu'est-ce qu'il y a chez toi?

1 Écoute *et* chante.

Karaoké

Tu habites dans une maison
ou dans un appartement?
Est-ce que c'est calme
ou est-ce que c'est bruyant?
Est-ce que c'est petit
ou est-ce que c'est grand?
Qu'est-ce qu'il y a chez toi?
Il y a un jardin devant?

Je suis dans la rue pas loin de chez moi.
Je vais vous parler de ce que je vois.
Je vois deux personnes devant un magasin.
Il fait assez froid. Il est huit heures du matin.

La première personne dit « S'il vous plaît,
Vous avez dix francs? C'est pour un café. »
Quand l'autre refuse, la première dit « Bon.
Alors parlez-moi de votre maison. »

« Il y a quatre livings. Il y a trois salles de bains.
Derrière la maison il y a un beau jardin.
Il y a sept chambres en tout et une superbe cuisine.
Il y a deux garages et une très belle piscine. »

La première répond: « Même dans une grande ville
trouver un job, c'est souvent difficile.
Comme je n'ai pas de job je n'ai pas de maison
et ma chambre aujourd'hui, c'est un grand carton. »

Tu habites dans une maison
ou dans un appartement? ...

ce que je vois	*what I see*
huit heures du matin	*eight in the morning*
un carton	*a cardboard box*

2 Regarde les lignes 17 à 20. Combien?

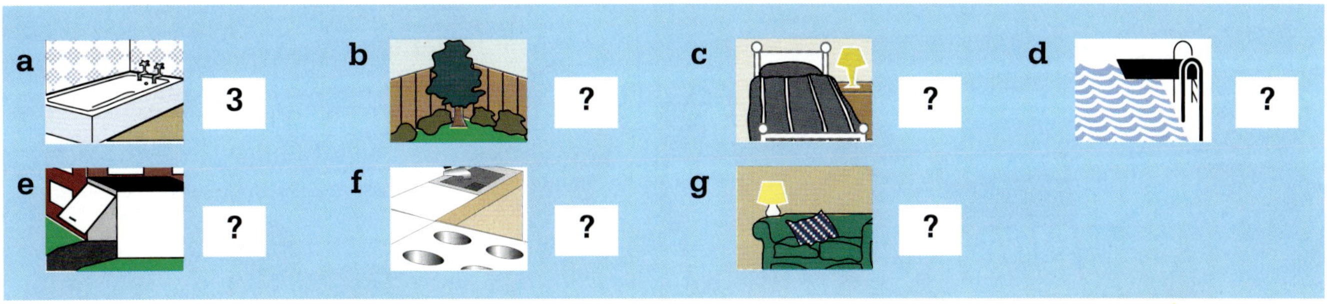

C 18, 19

Dossier

1 ta maison idéale ...

Il y a une très grande télé dans le living. Il y a 4 chambres pour la famille – et une chambre pour mon chien. Il y a une belle piscine dans le jardin.

2 une chanson ...

3 une lettre ...

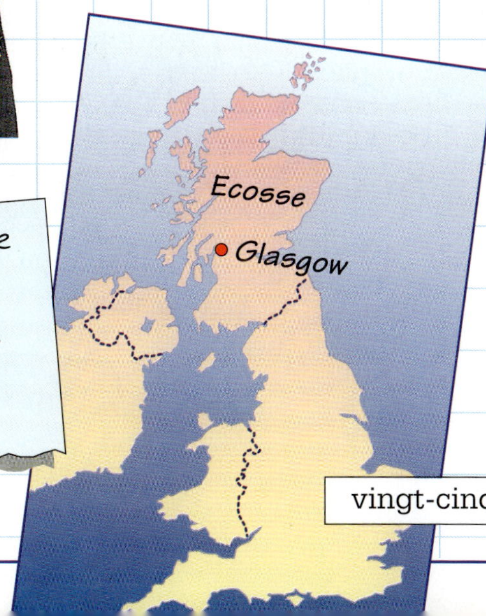

Glasgow, le 1er décembre

Cher Génial,

J'habite dans un appartement à Glasgow, qui est une très grande ville en Écosse. Quels sont les avantages et les inconvénients? Premièrement

Problèmes d'argent

2 Le porte-monnaie

1 Écoute *et* lis.

un porte-monnaie	*a purse*
des billets de loterie	*lottery tickets*
ça veut dire que … ?	*does this mean that … ?*
que tu es énervant!	*you are so annoying!*

2 Regarde l'exercice 1. C'est qui?

Exemple **1 – Vincent**

1 Qui arrive en retard?
2 Qui va aux toilettes?
3 Qui fait un calcul?
4 Qui refuse qu'Adrien paie pour elle?
5 Qui a un problème?
6 Qui a un petit job?
7 Qui paie pour deux personnes?
8 Qui est fou de Mélanie?

Graffiti
Moi et ma maison

1 Invente des graffiti.

Il y a beaucoup de B.D. dans les bibliothèques en Belgique.

JE
SYMPA
AMUSANTE
INTELLIGENTE
ET SUPER COOL!

(SUIS)

Monsieur et Madame Age ont une fille. Elle s'appelle comment?

Marie – Mari-age

Moi, j'habite au bord de la mer. C'est beau, c'est calme. C'est assez vert. Mais il y a un inconvénient aussi. IL N'Y A PAS BEAUCOUP DE CHOSES A FAIRE ICI!

1	Je suis	très	intelligent	intelligente
	Je suis aussi		amusant	amusante
2	Il est		énervant	énervante
3	Elle est		sympa	

4		
	J'habite dans	une maison un appartement

5		
	Il y a Il y a aussi	un living un jardin une cuisine une salle de bains trois chambres

6		
	J'habite	en ville à la campagne

7			
	J'aime Je n'aime pas	habiter là parce que c'est	calme beau bruyant ennuyeux

et	parce qu'il y a parce qu'il n'y a pas	beaucoup de choses à faire.

Très utile

je pense que	*I think that*
assez	*quite*
très	*very*
je ne suis pas	*I am not*

Je pense que je suis **assez** beau.
Je suis aussi **très** intelligent.
Je ne suis pas très modeste.

2 Travail à deux. Posez les questions.

1 Tu es comment?
2 Et ton père? Il est comment?
3 Et ta mère? Elle est comment?
4 Tu habites dans une maison ou dans un appartement?
5 Qu'est-ce qu'il y a chez toi?
6 Tu habites en ville ou à la campagne?
7 Tu aimes habiter là?

3 Métro, boulot, dodo

1 Lis.

a

LIVRES

La vie, c'est souvent beaucoup de petits et de grands problèmes: famille, collège, devoirs, amis, argent, vêtements – *de aïe à zut* est amusant et très utile. Il aide les jeunes à confronter les problèmes et le stress de tous les jours.

b

LES DEVOIRS SUR MINITEL

C'est difficile, les maths? Pas facile, l'anglais? Pas de problème! Consulte ton Minitel. Il y a beaucoup d'exercices à faire. Et après, tu peux regarder les solutions! 3614 code A25.

c

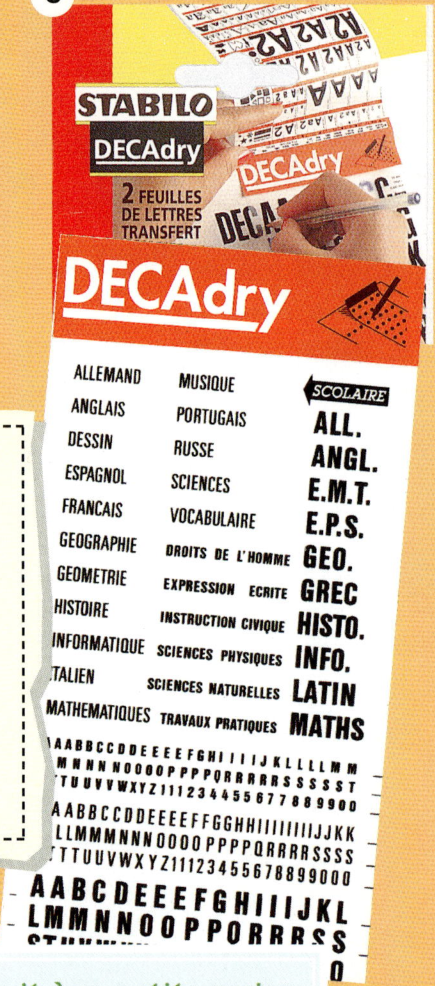

d

RÉFÉRENDUM «FRANCE-SOIR»

L'école du samedi: pour ou contre

Etes-vous favorable au remplacement des heures de cours le samedi par des heures de cours le mercredi?

POUR ☐ CONTRE ☐

RÉPONSE

Référendum école «France-soir»
65, rue de Bercy 75589 Paris Cedex 12

e

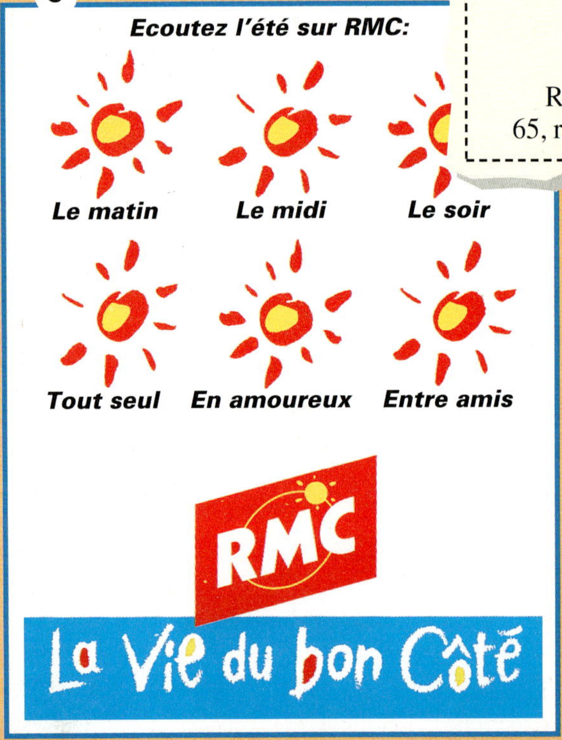

f

Un jeune homme écrit à sa petite amie:

«Le matin, je ne mange pas,
je pense à toi.
À midi, je ne mange pas,
je pense à toi.
Le soir, je ne mange pas,
je pense à toi.
La nuit, je ne dors pas,
je meurs de faim!»

je ne dors pas	*I don't sleep*
je meurs de faim	*I'm starving*

g

h

COLLEGE JULES VERNE
rue S.Allende
59760 GRANDE SYNTHE
Tél 07.62.25.00.25

Grande Synthe, le 20 mars

lundi 23 mars
Carottes râpées • Rôti de porc
Jardinière de légumes • Orange

mardi 24 mars
Soupe de poissons • Spaghetti à la bolognèse
Salade verte • Glace

mercredi 25 mars
Salade de tomates • Steak haché
Pâtes au gruyère • Yaourt

jeudi 26 mars
Quiche • Coq au vin
Pommes de terre • Gâteau au chocolat

vendredi 27 mars
Pâté de campagne • Filet de poisson
Frites • Fromage

i

2 C'est quelle lettre?

1. C'est un livre.
2. C'est très utile pour les cahiers et les dossiers au collège.
3. «Je suis complètement fou de toi.»
4. Voici une publicité pour Radio Monte Carlo.
5. *Tu joues aux jeux vidéo?* Mais non! Je travaille!
6. Un journal français demande ton opinion.
7. Ce n'est pas une très bonne idée le 2 avril!
8. Voici un peu d'histoire.
9. Qu'est-ce qu'il y a à manger aujourd'hui?

À quelle heure?

1 Écoute.

2 Écoute l'exercice 1 encore une fois.

Puis relie.

Exemple **a – 2**

a	Je	prends le petit déjeuner	à …
b		quitte la maison	
c		rentre à la maison	
d	Je me	couche	
e		lève	

C 21

3 Travail à deux.

Posez des questions.

Tu te lèves Tu prends le petit déjeuner Tu quittes la maison Tu rentres à la maison Tu te couches	à quelle heure?

Je me lève Je prends le petit déjeuner Je quitte la maison	à	sept huit neuf	heures	et quart. et demie.
Je rentre à la maison		une heure		
Je me couche		minuit.		

4 Écoute *et* répète.

Pas ce matin

Normalement je me lève à six heures et quart.
Mais il est déjà sept heures. Je suis en retard!
Je prends le petit déjeuner à sept heures normalement,
mais pas ce matin – je n'ai pas le temps.

Je quitte la maison à huit heures normalement.
Mais il est neuf heures moins le quart maintenant.
Je vais être en retard et je déteste ça.
En retard pour l'école encore une fois.

Je rentre normalement à six heures moins le quart,
mais je pense qu'aujourd'hui je vais être en retard.
Je vais avoir une colle, alors aujourd'hui
je vais rentrer à la maison vers sept heures et demie.

Comme je vais commencer mes devoirs en retard
aller chez mes amis est impossible ce soir.
Je me couche normalement à onze heures et demie
mais je vais me coucher à minuit aujourd'hui.

Mais il y a quelque chose que je ne comprends pas.
Où sont mes sœurs, mon frère, mon papa?
Pas dans la cuisine, ni dans la salle de bains.
Nous sommes tous au lit! C'est dimanche matin!

il est déjà	*it is already*
en retard	*late*
neuf heures moins le quart	*quarter to nine*
l'école	*school*
une colle	*a detention*
vers	*at about*

22, 23, 24

Une lettre du Burkina Faso

1 Lis.
C'est quelle photo?

Exemple
1 – chauffeur de car

a infirmier

b chauffeur de car

c employées de banque

d agents de police

1 Quand elle transporte des enfants à l'école, elle rentre à la maison vers six heures du soir. Par contre, quand elle fait des excursions, elle rentre plus tard. Elle a les cheveux bruns. Elle est **? ?**

2 Il se couche vers minuit ou vers dix heures du matin. Il a les cheveux noirs. Il est **? ?**

3 Ils se lèvent à six heures du matin ou à cinq heures de l'après-midi. Ils ont tous les deux les cheveux noirs. Ils sont **? ?**

4 Elles prennent le petit déjeuner entre sept heures et sept heures et demie normalement. Elles voient beaucoup d'argent. Elles sont **? ?**

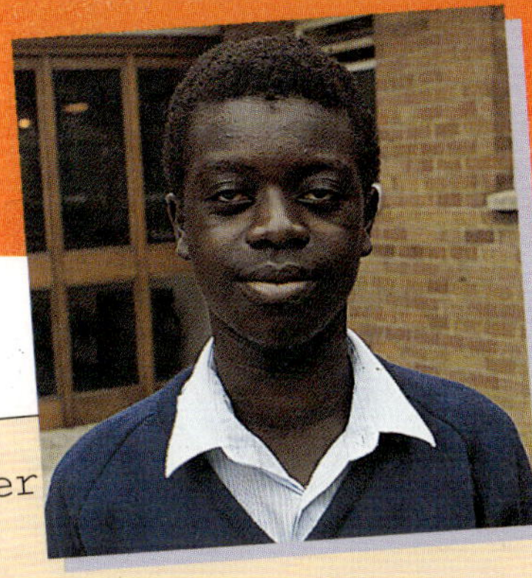

La vie en francophonie

2 Écoute *et* lis.

Ouagadougou, le 7 février

Cher Génial,

J'habite dans une petite maison à Ouagadougou, la capitale du Burkina Faso. J'aime bien habiter ici parce que j'habite près de mes amis. Chez moi, il y a deux chambres, et c'est tout. Il y a une chambre pour mes parents, et une pour moi et mes cinq frères et sœurs. Il n'y a pas de cuisine parce qu'on fait la cuisine dans la cour.

Je me lève à 6h, et l'école commence à 7h. Pour mon petit déjeuner, je mange du pain et je bois du café au lait. Je vais à l'école à vélo, et je rentre à la maison vers 11h30. Ma matière préférée est le français. J'aime les professeurs, mais ils sont très stricts. C'est très important, car il y a soixante-cinq élèves dans ma classe.

Ma mère est présentatrice à la télé, et mon père est chauffeur de taxi. Je pense que j'ai de la chance, car au Burkina juste un jeune sur six va à l'école. À midi, je mange avec mes frères et sœurs. Puis, je me couche, car il fait très chaud ici. Après la sieste, je lis ou je joue aux cartes. J'aide aussi mes parents de temps en temps. Je fais les courses, par exemple. Je commence mes devoirs vers 18h.

amitiés,

Arnaud

C 25

la cour	*the yard*
j'ai de la chance	*I'm lucky*

3 Travail à deux.

Et toi?
Tu te lèves à quelle heure?
Qu'est-ce que tu fais après?

Métro, boulot, dodo

1 Écoute *et* chante.

Karaoké

Métro, boulot, dodo.
S'il fait mauvais, ou s'il fait beau.
S'il fait soleil, ou s'il pleut
Métro, boulot, dodo, c'est ennuyeux.

Métro, boulot, dodo.
S'il fait froid ou s'il fait chaud
Je n'aime pas les jours où j'ai cours
Les jours métro, boulot, dodo.

Je me lève à sept heures, je vais dans la cuisine.
Je n'ai pas le temps de lire un magazine.
Je prends très vite mon petit déjeuner.
Je mange mon pain. Je bois mon café.
Je quitte la maison. Je prends le métro.
J'arrive au collège. J'ai maths. J'ai géo.
Même quand je rentre, j'ai beaucoup de boulot.
Je fais mes devoirs, puis je fais dodo.

Métro, boulot, dodo.
S'il fait froid ou s'il fait chaud…

Mais je pense que ça va être différent demain,
Après une catastrophe dans la salle de bains.
Mon frère a oublié de fermer le robinet
Et notre maison est complètement inondée.
Alors demain je ne vais pas quitter la maison
Je ne vais pas avoir maths ni récréation.
Je vais passer la journée à tout ranger
Et je vais aller au lit à minuit et demi.

Métro, boulot, dodo.
Mais pas demain, à cause de l'eau.
Même loin du collège, ça va être énervant.
Même sans cahiers, ça ne va pas être amusant.
Métro, boulot, dodo.
S'il fait froid, ou s'il fait chaud.
C'est amusant au moins, quand je vois mes copains.
Alors métro, boulot, dodo, ça va très bien!

métro, boulot, dodo	*underground, work, sleep*
s'il fait mauvais	*if the weather is bad*
a oublié	*forgot*
de fermer le robinet	*to turn off the tap*
inondée	*flooded*
passer la journée	*to spend the day*
à tout ranger	*tidying everything*
sans	*without*

2 Regarde le karaoké. Trouve le français.

1 I drink my coffee.
2 I do my homework, then ...
3 But I think that ...
4 I have a lot of work.
5 I do not have time to ...
6 I have my breakfast very quickly.
7 I eat my bread.
8 But not tomorrow.
9 I see my friends.
10 If the weather is nice ...

26, 27

Dossier

1 une conversation ...

Tu te lèves à quelle heure?

Normalement, je me lève à sept heures.

Et le samedi?

Le samedi je me lève à sept heures aussi, parce que je travaille dans un magasin.

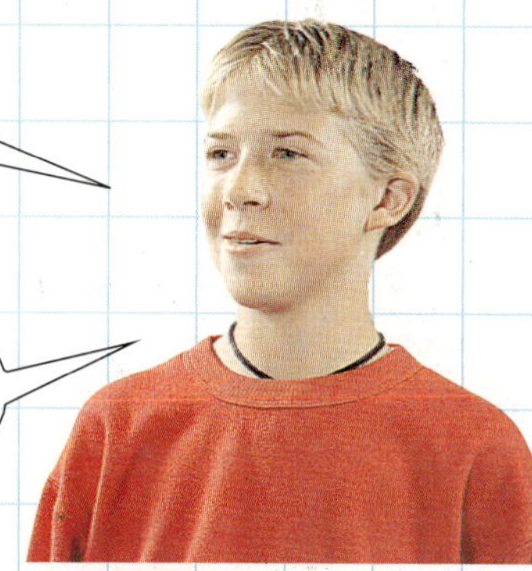

2 un poster ...

Il est top model.
Il se lève normalement à six heures.
Il prend son petit déjeuner à six heures et demie.
Il mange des céréales et il boit de l'eau minérale.
Après, il va au centre sportif...

3 une chanson ...

Vélo, boulot, dodo,
s'il fait soleil, ou s'il fait beau.
Mais s'il fait froid
Ça ne va pas.
S'il fait froid,
métro, boulot, chocolat chaud.

Problèmes d'argent

3 Les cinquante francs

1 Écoute *et* lis.

rester fermée	*stay shut*
si nous ne trouvons pas	*if we don't find*
il y avait un billet de cinquante francs	*there was a 50 franc note*
c'était pour acheter	*it was to buy*

2 Regarde l'exercice 1. Puis, mets dans le bon ordre.

Exemple **a – Le frère de Karima pense que les quatre amis sont énervants .**

a les quatre amis | pense que | sont énervants | Le frère de Karima
b pense qu'il n'a pas | Aujourd'hui | Adrien | d'argent
c avec Mélanie | À 6h30, | à la gare | Adrien va
d la Maison des Jeunes | pour | Adrien propose de | faire une collecte
e est chez | tout le monde | Aujourd'hui | Karima
f un billet de | Plus tard, | cinquante francs | Adrien trouve

3 Regarde l'exercice 2, puis l'exercice 1. C'est quelle image?

Exemple **a – 4**

Original, non?

1 Écoute *et* lis.

Découvrez le futur dans la Maison du Futur

Qu'est-ce qu'il y a dans la Maison du Futur?
Il y a un living, deux chambres, une salle de fitness, et, bien sûr, une cuisine et une salle de bains. Il y a aussi un "home office" – un bureau pour faire du boulot à la maison. Dans le jardin, il y a une piscine et des panneaux solaires. En plus, il y a un garage.

Qu'est-ce qui est différent?
Tout fonctionne par ordinateur. Il y a des ordinateurs dans toute la maison.

Je voudrais un bain quand je rentre ... mais je suis dans ma voiture. Qu'est-ce que je fais?
C'est facile. Vous téléphonez à votre maison, vous arrivez chez vous, et votre bain est à la température idéale. Vous aimez regarder des vidéos ou écouter de la musique dans la salle de bains? Pas de problème.

Je voudrais préparer une salade au poulet ce soir. C'est possible?
Demandez à l'ordinateur dans la cuisine si vous avez les ingrédients nécessaires. Pas de poulet? Pas de problème. L'ordinateur contacte automatiquement votre magasin préféré, le poulet arrive, et hop! Bon appétit!

Où se trouve la Maison du Futur?
À Bruxelles, la capitale de la Belgique.

Quand visiter la Maison du Futur?

de septembre à juin	: chaque samedi et dimanche
en juillet et août	: tous les jours

La maison est ouverte de 10h00 à 18h00.

Ça coûte combien?

Enfant de moins de 6 ans	: gratuit
Enfants de 6 à 12 ans	: 270 FB
Adultes	: 300 FB
Groupes de 10 personnes ou plus	: 270 FB par personne

panneaux solaires
solar panels

Tout fonctionne par ordinateur
Everything is controlled by computer

ouvert, ouverte
open

2 Réponds. Vrai ou faux?

1 Il est possible de faire du sport dans la maison.
2 Il est possible de travailler dans la maison.
3 Il n'y a pas d'ordinateur dans la Maison du Futur.
4 La Maison du Futur est en Suisse.
5 La Maison du Futur est fermée le week-end.
6 La Maison du Futur est ouverte tous les jours en automne.
7 La Maison du Futur est ouverte de dix heures du matin à six heures du soir.
8 Visiter la Maison du Futur est moins cher avec 5 amis.

3 Lis.

«Je vais chez des amis. Ils habitent dans une vitrine.»

Un jeune couple habite un petit appartement … dans la vitrine d'un grand magasin! Le grand magasin se trouve à Genève, en Suisse.

L'appartement consiste en une cuisine, un living, une chambre à coucher, et une salle de bains.

Le public qui passe devant le grand magasin cette semaine peut voir le couple matin, après-midi et soir. Judith et Grégory Molinier se lèvent vers huit heures, puis prennent le petit déjeuner. Après, ils lisent le journal, jouent aux cartes ou regardent des vidéos. Ils se couchent vers minuit.

«L'appartement temporaire dans la vitrine» est une publicité pour des meubles. Est-ce que Judith aime habiter dans une vitrine?

– C'est souvent ennuyeux, parce que je voudrais bien aller au café de temps en temps. Mais c'est un job.

Et, euh, qu'est-ce qu'elle fait quand elle veut aller aux toilettes?

– Ça va. Le public ne peut pas voir la salle de bains!

une vitrine	*a shop window*
des meubles	*furniture*

4 Travail à deux.

Une personne est reporter.
L'autre est Judith ou Grégory Molinier. Faites une interview.

- Vous habitez où?
- Qu'est-ce qu'il y a chez vous?
- Vous vous levez à quelle heure?
- Qu'est-ce que vous faites après?
- Vous vous couchez à quelle heure?
- Vous aimez habiter là? Pourquoi?
- Il y a beaucoup de choses à faire?

4 Le week-end dernier

1 Lis.

a

b

c

d

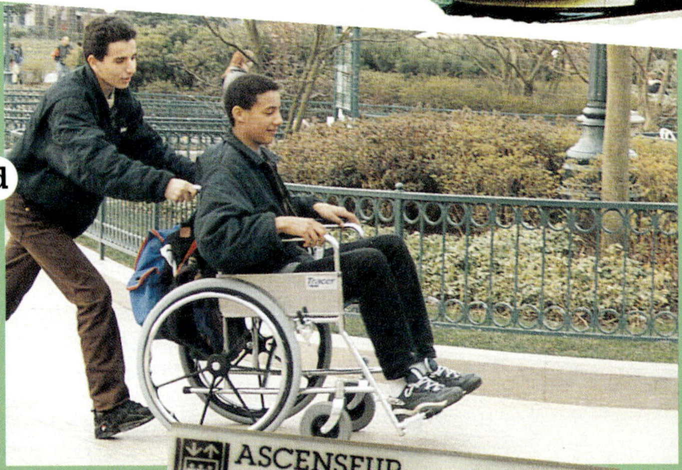

e

f

g

Tu veux aller au cybercafé?

Dans un cybercafé, on peut boire, manger et se connecter sur Internet pour 30 à 50F de l'heure. Il y a des cybercafés dans beaucoup de grandes villes de France. Très souvent, il y a aussi des techniciens qui vous aident si vous avez des problèmes.

h

i

j

2 C'est quelle lettre?

1. Tu aimes regarder les films? C'est pour toi.
2. De la cuisine américaine en France.
3. *C'est combien?* Vingt francs, quarante francs ou cinquante-six francs.
4. Voici deux amis qui sont au parc.
5. «Bonjour. Je voudrais acheter une petite Tour Eiffel et un poster de Notre Dame.»
6. Il y a beaucoup de villes britanniques ici.
7. C'est une publicité pour une petite île près de la France.
8. Voici une sorte de café pour obtenir toutes sortes d'informations.
9. Ici, il y a beaucoup de voitures.
10. Tu voudrais aller en Angleterre, mais tu n'as pas d'argent? Bonne chance!

Tu es allé où, le week-end dernier?

1 Écoute.

Génial

Noms:
Arthur et Sophie Blanc

Âges:
15 et 22 ans

Habitent:
Bruxelles, Belgique

Tu es allé où, le week-end dernier?

Where did you go last weekend?

samedi

Je suis resté …

Je suis restée …

dimanche

2 Regarde l'exercice 1. Puis regarde les tableaux.
Écris une phrase pour (1) à (8).

Exemple (1) – **Je suis allé au collège.**

Je suis	allé / allée	au	bowling.
			centre commercial.
			cinéma.
			collège.
		en ville.	

Je suis	allé / allée	à	la	bibliothèque.
				patinoire.
				piscine.
			une boum.	
		chez des amis.		

Je suis	resté / restée	au lit.

Je suis	resté / restée	à la maison.

3 Travail à deux.

Inventez des dialogues. Regardez les photos pour des idées.

◀ Tu es allé où, le week-end dernier?

Samedi matin, je suis allé au bowling. ▶

◀ Et samedi après-midi?

Je suis allé à la bibliothèque. ▶

◀ Et samedi soir?

Je suis resté à la maison. ▶

◀ Et dimanche? Tu es allé où, dimanche?

C 29, 30, 31

Tu es déjà allé en France?

1 Écoute *et* lis.

Cher Génial,

Samedi dernier, je suis allé à Paris. Le matin, je suis allé à la Tour Eiffel. C'était génial. Après, j'ai acheté un T-shirt et un sweat-shirt. À midi, je suis allé au McDo.

L'après-midi, je suis allé au parc de la Villette. Là, il y a des jardins, deux cinémas fantastiques, et un musée des sciences. Je suis arrivé au musée à 2h ... et j'ai quitté le musée à 5h 30! C'était très intéressant.

Amitiés,

Arthur

Cher Génial,

Samedi dernier, je suis allée à Londres. Le matin, je suis allée à Big Ben. Après, je suis allée à Covent Garden et au London Transport Museum. C'était super. À midi, je suis allée à Planet Hollywood, où je suis restée trois heures. C'était cool - mais assez cher!

L'après-midi, je suis allée à Oxford Street, où il y a des grands magasins. J'ai acheté des C.D. pour mon frère et du thé pour ma mère.

À bientôt,

Sophie

2 Regarde les deux cartes postales. **Arthur** ou **Sophie**?

Exemple **1 – Arthur**

c'était	*it was*
j'ai acheté	*I bought*

1 Qui est allé dans un fast-food?
2 Qui est allé dans la capitale de la France?
3 Qui est allé dans un musée anglais?
4 Qui est resté trois heures et demie dans un musée?
5 Qui a acheté des vêtements?
6 Qui a acheté des cadeaux pour sa famille?
7 Qui est allé dans un grand parc?
8 Qui est allé dans un restaurant en Angleterre?

C 32

3 Écoute *et* lis.

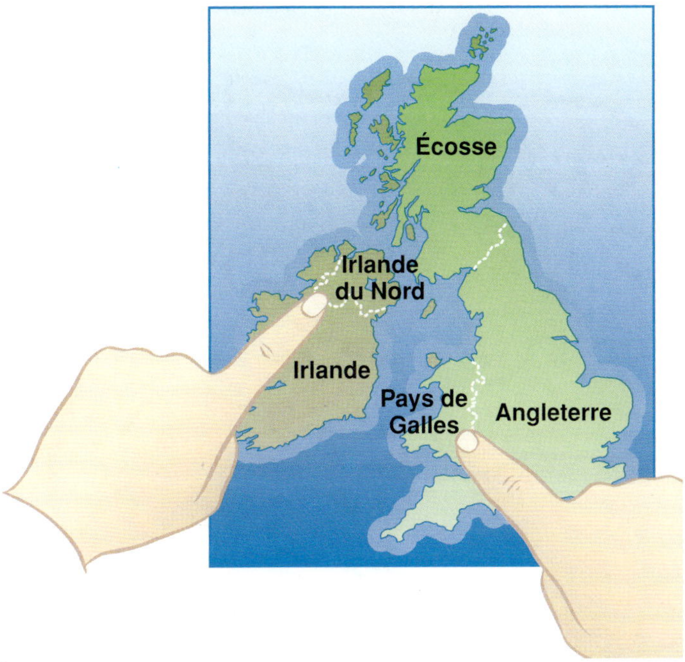

1 Tu es déjà allé en Irlande du Nord?

2 Oui. Je suis allé à Belfast.

3 C'était comment?

4 C'était super.

5 Et toi?

6 Tu es déjà allée au pays de Galles?

7 Oui. Je suis allée à Cardiff.

8 C'était comment?

9 C'était génial.

4 Trouve le français.

a I have been to Cardiff.
b What was it like?
c Have you ever been to Northern Ireland?
d It was great.
e Have you ever been to Wales?

5 Travail à deux. Posez les questions.

Tu es déjà	allé allée	en	Angleterre? Écosse? France?

Oui. Je suis	allé allée	à	Londres. Édimbourg. Paris.

C'était comment?

C'était	super. ennuyeux.

Tu es déjà allé(e) en France? — *Have you ever been to France?*
C'était comment? — *What was it like?*

C 33

Hier en Angleterre

1 Écoute *et* chante.

Karaoké

Tu es déjà allé en Angleterre?
Je suis allé à Douvres. *Quand?* Hier.
Tu y es allé en ferry?
Oui. Je suis arrivé vers dix heures et
demie.

Tu es allé où le matin?
Je suis allé dans un grand magasin.
J'ai acheté un T-shirt pour ma
grand-mère
car c'est bientôt son anniversaire.

Tu es allé où, à midi?
Je suis allé voir ma petite amie.
Elle travaille à Douvres, mais
nous sommes tous les deux de Calais.

Nous sommes allés en ville et puis
nous sommes allés manger un curry.
C'était comment? Bon, j'espère?
C'était délicieux et ce n'était pas cher.

Tu es rentré à quelle heure hier soir?
Je suis rentré assez tard.
Je pense que c'était vers onze heures
et demie.
Je suis allé au lit à minuit.

Qu'est-ce que tu vas faire demain?
Aller au café ou chez des copains?
Je vais rester au lit toute la matinée
parce que je suis très fatigué.

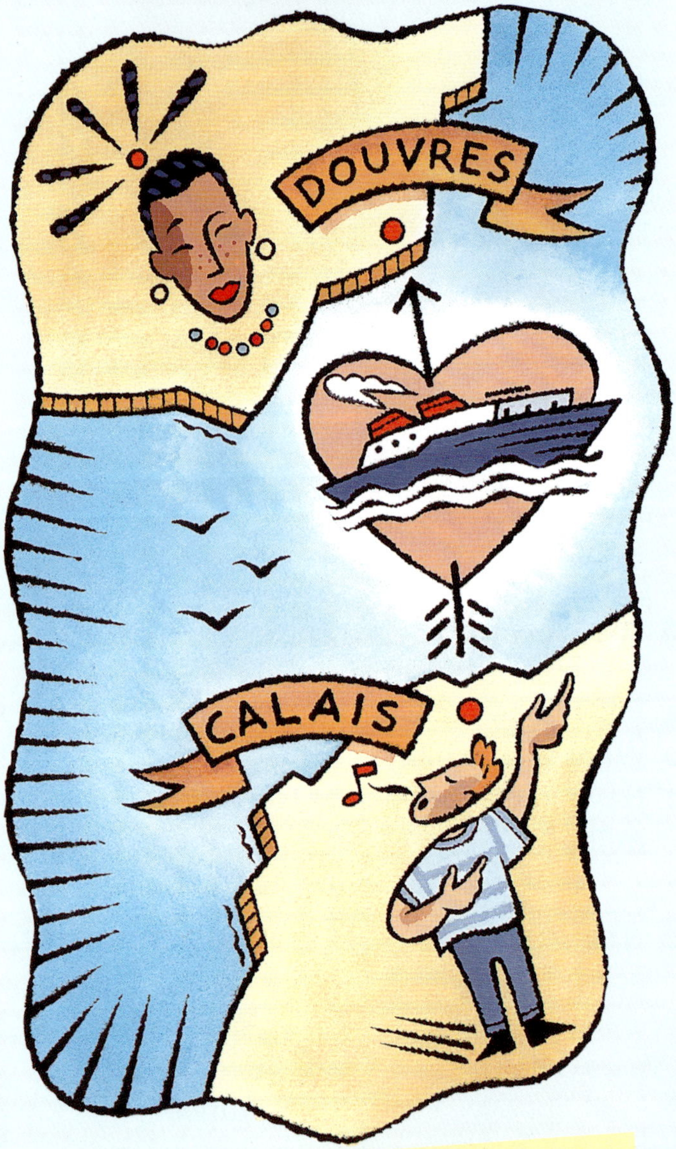

hier	*yesterday*
Douvres	*Dover*
tu y es allé?	*did you go there?*
ma petite amie	*my girlfriend*
toute la matinée	*all morning*
fatigué	*tired*

2 Regarde le karaoké. Trouve le français.

1 Where did you go at lunchtime?
2 Have you ever been to England?
3 What was it like?
4 What are you going to do tomorrow?
5 I went to bed at midnight.
6 I went to see my girlfriend.
7 I have been to Dover.
8 We went into town.
9 It was delicious and it was not expensive.
10 I am going to stay in bed.

C 34, 35

Dossier

1 un sondage ...

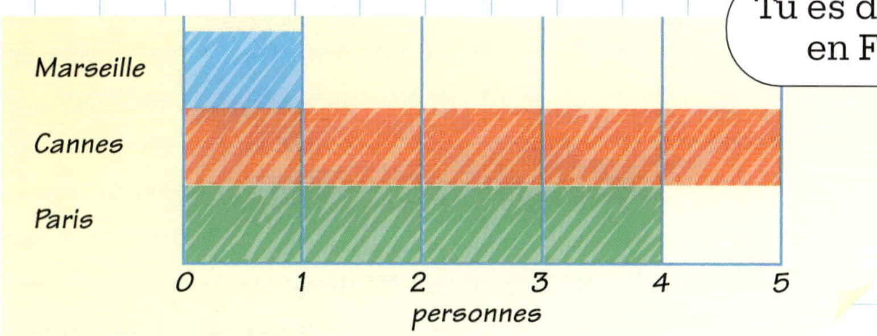

Tu es déjà allé(e) en France?

2 un journal ...

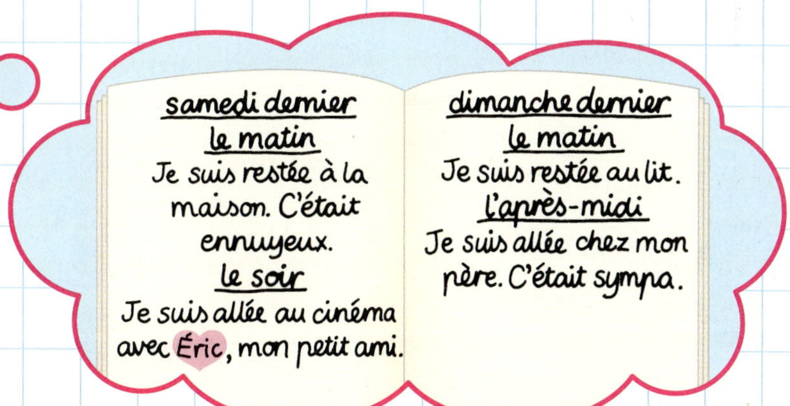

3 un album ...

Très utile

l'année dernière	last year
la semaine dernière	last week
il y a 2 ans	2 years ago

Problèmes d'argent

4 Le voleur

1 Écoute *et* lis.

un voleur	*a thief*
qui a volé, qui ai volé	*who stole*

À suivre …

2 Regarde l'exercice 1. Puis, trouve le français.

1 We went out of the living room. Nous sommes sortis du living.
2 He stayed in the living room. ______ ______ ______ ______ ______ ______ .
3 Do you think that … ? ______ ______ ______ … ?
4 I also think that … ______ ______ ______ ______ …
5 Aren't you eating in the canteen today? ______ ______ ______ ______ ______ ______ ______ ______ ?
6 Adrien doesn't understand. ______ ______ ______ ______ .
7 I am not a thief. ______ ______ ______ ______ ______ ______ .
8 I know. ______ ______ .

Graffiti

Métro, boulot, dodo, McDo

1 Invente des graffiti.

Pourquoi est-ce que le père de Patricia ne prend pas de petit déjeuner?

Tu comprends?
M. A. A. H. T. D. C. D.
Emma a acheté des C.D.

MESSAGE
date *mardi* heure *17h 30*
pour *Robert*
pendant votre absence *Muriel*
a téléphoné
Elle va au bowling avec Jérémy et Chloé demain soir.
Tu veux y aller?

7e Arrt
PARIS
TOUR EIFFEL

Samedi je suis allée dans un restaurant chinois. C'était extra.

Dimanche je suis allée dans un restaurant indien. C'était très bien.

Lundi je suis allée dans un restaurant français. Ce n'était pas mauvais.

Hier je suis allée à l'hôpital. La raison? Une indigestion. Aïe!

J'ai changé.
Dès maintenant ...
Je me lève à 7h – et pas à 8h30.
Je prends le petit déjeuner dans la cuisine – et pas dans le bus.
Je fais mes devoirs avant le dîner – et pas pendant le petit déjeuner.
... mais je continue à regarder mes feuilletons préférés – certaines choses ne changent jamais!

1	Je	me lève	à	sept heures huit heures dix heures onze heures	et quart et demie moins le quart
2		me couche			

3	Je	prends le petit déjeuner	à	sept heures et quart
4		quitte la maison		huit heures et demie
5		rentre à la maison		cinq heures moins le quart

6	Le week-end dernier,	je suis	allé	au cinéma à la piscine à une boum chez des amis
		je suis aussi	allée	
		je suis	resté restée	au lit à la maison

7	Je suis	allé allée	à Paris.

Je ne suis pas	allé allée	en France, mais je suis	allé allée	à Blackpool.

8	C'était	super ennuyeux

Très utile

normalement	normally
à	at
le week-end	at the weekend
vers	at about

Normalement je me lève **à** 7 heures.
Mais **le week-end**, je me lève **vers** 10 heures.

2 Travail à deux. Posez les questions.

1 Tu te lèves à quelle heure?

2 Tu te couches à quelle heure?

3 Tu prends le petit déjeuner à quelle heure?

4 Tu quittes la maison à quelle heure?

5 Tu rentres à la maison à quelle heure?

6 Tu es allé(e) où le week-end dernier?

7 Tu es déjà allé(e) en France?

8 C'était comment?

5 Les grandes vacances

1 Lis.

a

b

c

d

e

	01.7 au 28.8	3.6 au 30.6 / 29.8 au 18.9	01.4 au 02.6 / 19.9 au 31.10	
FORFAIT 1 - EMPLACEMENT SIMPLE	72 f	62 f	56 f	ALL-INCLUSIVE PRICE FOR A PITCH
FORFAIT 2 - EMPLACEMENT ELECTRICITE	88 f	76 f	70 f	ALL-INCLUSIVE PRICE FOR A PITCH ELECTRICITY
FORFAIT 3 - PLATE-FORME AMENAGEE	98 f	89 f	80 f	ALL-INCLUSIVE PRICE FOR A EQUIPED PLATFORM
ADULTE SUPPLEMENTAIRE	16 f	14 f	13 f	EXTRA PERSON
ENFANT MOINS DE 7 ANS	10 f	8 f	GRATUIT	CHILDREN UNDER 7 YEARS OF AGE
VEHICULE SUPPLEMENTAIRE	8 f	5 f	GRATUIT	EXTRA CAR
ANIMAUX	8 f	5 f	GRATUIT	PETS
PERSONNE SUPPLEMENTAIRE EN VISITE ENTRE 2 et 6 HEURES	8 f	6 f	GRATUIT	EXTRA PERSON ON VISIT 2-6 HOURS

f

h

i

j

2 C'est quelle lettre?

1 C'est une brochure avec beaucoup de destinations.
2 Voici trois livres sur la nature.
3 Ça contient des informations touristiques sur l'Angleterre, l'Écosse et le pays de Galles.
4 Voici des statistiques sur le tourisme français.
5 Voici un changement complet pour ton chien fatigué ou pour ton chat fatigué.
6 «Je vais écrire à ma petite amie, à mon père, à ma grande sœur … »
7 «Vous avez une tente ou une caravane?»
8 *Qu'est-ce que tu as fait hier soir?* J'ai beaucoup dansé.
9 Du pain? De l'eau minérale? Du fromage? Des fruits? Il y a tout ici.
10 Voici un homme qui a oublié quelque chose.

Qu'est-ce que tu as fait?

Les élèves du
COLLÈGE TOULOUSE LAUTREC
131, avenue de la Celle
Saint-Cloud
92420 VAUCRESSON
Téléphone 01.47.01.09.18
Fax 01.47.01.10.16

Génial

1 Écoute *et* chante.

1

campagne

2

montagne

3

bord de la mer

2 Regarde les images 1 à 6. Écoute.

4

5

6

3 Regarde les images 1 à 6. Écoute. C'est quelle image?

a	?	b	?	c	?	d	?	e	?	f	?

4 Regarde bien.

Je suis allé/allée	J'ai acheté
Je suis resté/restée	J'ai joué
	J'ai fait

5 Travail à deux.

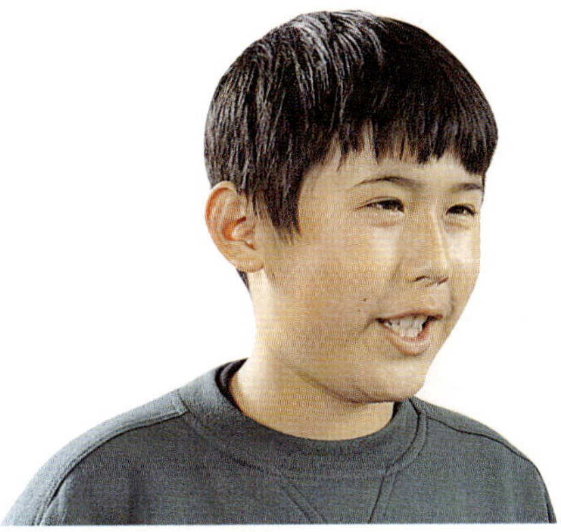

Allé. Je suis ou J'ai ?

Je suis allée.

Bravo. À toi.

Joué. Je suis ou J'ai ?

J'ai joué.

Bravo.

6 Travail à deux.

Qu'est-ce que tu as fait, pendant les grandes vacances?

Je suis	allé allée	à Paris. en France. à la campagne. à la montagne. au bord de la mer.

Je suis

Je **ne** suis **pas**	allé allée	en vacances.

Je suis	resté restée	à la maison, et …

J'ai	acheté	un T-shirt. des cartes postales.	
	joué	au	football. tennis.
	regardé	la télé. des vidéos.	
	fait	des promenades. mes devoirs.	

J'ai

C 37

Qu'est-ce que tu as fait
pendant les grandes vacances?

What did you do
during the summer holidays?

Le tour de la France

Karaoké

1 Écoute *et* chante.

Qu'est-ce que tu as fait pendant les grandes vacances?
Tu es allé en Italie? Tu es allé en France?
Tu as fait des promenades? Tu as fait du camping?
Tu es allé au cinéma ou au bowling?

Je ne suis pas allé aux USA,
je n'ai pas visité l'Espagne.
Je suis allé au bord de la mer,
à la campagne, et à la montagne.

Car pendant les grandes vacances,
oui pendant les grandes vacances,
pendant les grandes vacances,
j'ai fait le tour de la France.

J'ai acheté des cartes postales à Laval
J'ai regardé la télé à Poitiers.
Je suis allé en ville à Lille
et dans un musée à Angers.

J'ai joué au tennis à Nice.
J'ai fait du vélo à Bordeaux.
J'ai vu des copains à Amiens.
J'ai pris des photos à St Malo.

J'ai fait mes devoirs à Colmar.
Je suis allé chez des amis à Paris.
J'ai visité un château à Fontainebleau.
Je suis resté au lit à Nancy.

Et La Rochelle était très belle,
Orléans, intéressant.
Auxerre était super
Et Le Mans était bruyant.

Oui, pendant les grandes vacances,
oui pendant les grandes vacances,
pendant les grandes vacances,
j'ai fait le tour de la France.

j'ai fait	I did
le tour de	a tour of
j'ai vu	I saw
j'ai pris	I took

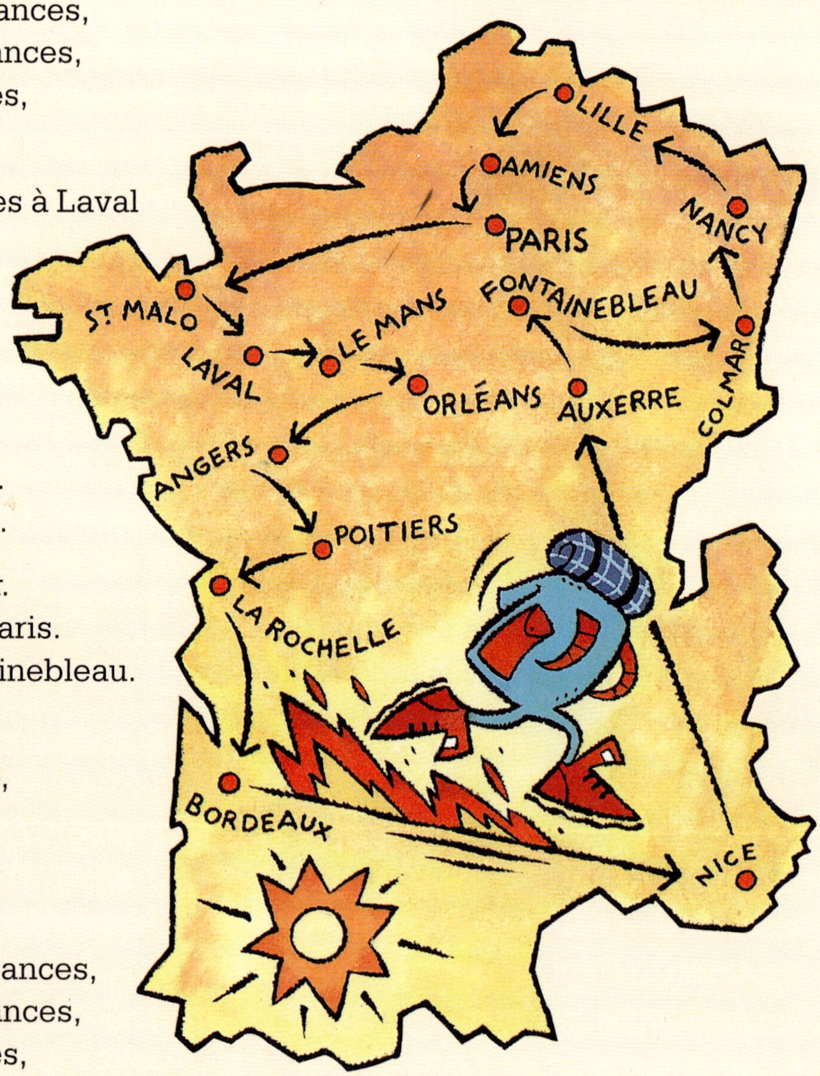

C 38, 39

ESPAGNE

FRANCE

ITALIE

GRÈCE

PORTUGAL

USA

2 Écoute.

◀ Tu es allé à la campagne?

Oui. ▶

◀ Tu as fait du vélo?

Non. ▶

◀ Tu as joué au tennis?

Oui. ▶

◀ Tu es allé en Grèce?

Oui. Bravo. À toi. ▶

3 Travail à deux.

Choisis une destination.

Tu es	allé allée	au bord de la mer? à la campagne? à la montagne? en ville? à la piscine? dans des cafés?

Tu as	acheté des souvenirs?		
	joué	au	tennis? volley?
	fait	du vélo? des promenades?	
	visité un château?		

Tu es	allé allée	en	Espagne? France? Italie? Grèce?
		au Portugal? aux USA?	

Lettre de Côte d'Ivoire

1 Écoute *et* lis.

La vie en francophonie

Afféry, le 16 septembre

Cher Génial,

Moi, j'habite en Côte d'Ivoire. Pendant les vacances, je suis allée à Abidjan, une très grande ville. C'était génial. Je suis allée chez ma sœur, qui habite dans une villa. Une villa, c'est une maison avec un jardin.

Comme j'habite dans un tout petit village à la campagne, j'aime bien aller chez ma sœur. Mon village est très calme mais assez ennuyeux. Pendant mes loisirs, je joue au basket, je vais chez des amis, je fais du vélo ou j'écoute la radio. Je ne regarde pas la télé parce qu'il n'y a pas l'électricité dans mon village.

À Abidjan, j'ai regardé la télé, et j'ai joué aux jeux vidéo chez ma sœur. En plus, je suis allée au bord de la mer et au cinéma, et j'ai fait des promenades. Par contre, je n'ai pas fait de vélo car c'est très dangereux en ville. Il y a beaucoup d'accidents.

Il y a un grand inconvénient à Abidjan pendant les grandes vacances. C'est le temps. Il pleut souvent en juillet et en août. Par contre, en décembre, en janvier et en février, il fait très chaud et il y a beaucoup de soleil. Il ne neige jamais à Abidjan.

J'aime Abdijan mais c'est très bruyant, et je pense que les gens sont plus sympa à la campagne.

Amitiés

Ama

la Côte d'Ivoire	*the Ivory Coast*
les gens	*people*

2 Passé ou **présent**?

Regarde la lettre si nécessaire.

Exemple **1 – présent**

1 je joue
2 je regarde
3 j'ai regardé
4 je suis allée
5 je fais
6 j'ai joué
7 je vais
8 j'ai fait

C 40, 41

3 Regarde la lettre. Puis complète.

1 Abidjan est _______ .
2 Ama n'est pas allée _______ .
3 Le village d'Ama _______ .
4 Afféry est _______ .
5 Il n'y a pas de télé _______ .
6 Pendant les grandes vacances _______ .
7 À Abidjan, il fait beau _______ .
8 Il fait mauvais _______ .

a Ama a vu des films
b une grande ville
c dans un hôtel à Abidjan
d chez Ama
e s'appelle Afféry
f en juillet
g en décembre
h à la campagne

C 42, 43

Dossier

1 un sondage ...

Tu es allé à la campagne pendant les grandes vacances?

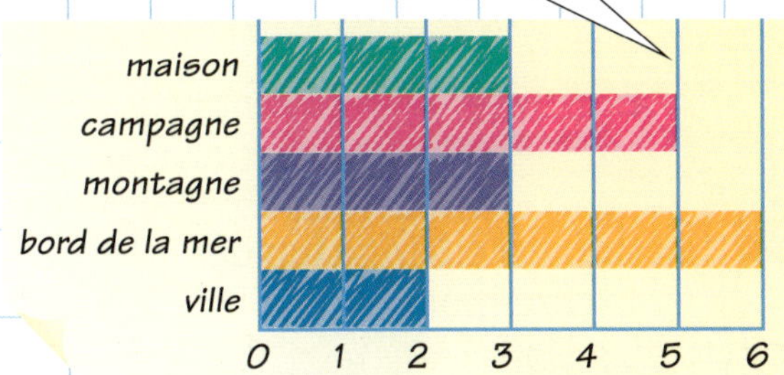

2 une émission de télé ...

Pendant les grandes vacances, je suis allé en Tunisie.
C'était super.
Je suis allé dans un hôtel au bord de la mer.

3 un journal de classe ...

Qu'est-ce que tu as fait pendant les grandes vacances?

Je suis allé en Espagne, au bord de la mer. C'était extra.

Moi, je suis restée à la maison. J'ai joué au foot dans le jardin. J'ai

J'ai fait des promenades en montagne. C'était très ennuyeux. En plus,

Problèmes d'argent

5 Le gros lot

1 Écoute *et* lis.

le gros lot	*the jackpot*
j'espérais gagner	*I was hoping to win*
sauver	*to save*
le maire	*the mayor*
les conseillers municipaux	*the local councillors*

2 Regarde l'exercice 1. Puis relie.

Exemple **1 – e**

1 Vincent a volé le porte-monnaie
2 Il a volé aussi
3 Mélanie et Karima ont pensé que
4 Vincent a volé parce qu'il
5 Vincent voulait gagner
6 Les chances de gagner le gros lot
7 L'idée de Karima était
8 Beaucoup de lettres ont persuadé les conseillers municipaux

a le voleur était Adrien.
b un billet de cinquante francs.
c sont une sur 14 000 000.
d d'écrire au maire et aux conseillers municipaux.
e de Mélanie.
f pour sauver la Maison des Jeunes.
g à trouver l'argent nécessaire pour sauver la Maison des Jeunes.
h voulait gagner le gros lot.

Les centres de vacances

1 Lis.

En France, beaucoup de jeunes vont dans un centre de vacances chaque année. Normalement, les centres ne sont pas chers et se trouvent à la campagne, au bord de la mer, à la montagne, et aussi en ville.

Il y a beaucoup de choses à faire dans chaque centre. On peut faire du sport, par exemple, de la danse, ou de l'informatique. Il y a même des centres où on peut faire des films de vidéo.

Certains centres sont ouverts pendant les semaines de vacances d'octobre et de février, et à Pâques. Bien sûr, la majorité des centres sont ouverts pendant les grandes vacances.

2 Regarde l'exercice 1. C'est mentionné, **oui** ou **non**?

Exemple **1 – oui**

1

2

3

4

5

6

3 Lis.

A

B

C

D

4 Regarde l'exercice 3. Puis choisis un centre de vacances pour chaque personne.

Exemple **1 – D**

1 Je n'aime pas du tout la campagne. Je préfère passer mes vacances en ville.

2 Comme j'habite dans un appartement, j'aime bien faire du camping à la montagne pour changer.

3 Je suis assez sportive, et j'adore être près de la mer.

4 J'aime faire des promenades à la campagne: des promenades à vélo, à pied et à cheval.

5 J'adore être près de l'eau, car j'adore faire du canoë-kayak. Mais je déteste la mer.

6 J'aime le sport, mais je voudrais aussi faire quelque chose de créatif comme la photographie.

5 Travail à deux.

◀ Et toi? Tu voudrais aller dans quel centre de vacances?

Moi, je voudrais aller à **D**. ▶

◀ Pourquoi?

Parce que j'aime visiter des villes et j'adore aller dans les musées. ▶

6 J'y vais!

1 Lis.

a

LE VÉLO MOTORISÉ *Oui, c'est un vélo. Mais c'est aussi électrique. Le Japon a acheté plus de 100 000 de ces vélos électriques l'année dernière.*

b

c

d

Des trains français sur les rails américains.

Les États-Unis ont acheté douze trains fabriqués par le Canada et la France. Construits d'après la technologie du TGV, ils relieront Washington, New York et Boston à la vitesse de 200km/heure.

e

f

En France, on peut conduire ...

un scooter qui n'excède pas 50 cm^3 à **14** ans

une moto qui n'excède pas 80 cm^3 à **16** ans

une voiture à **18** ans

Tickets s'il vous plaît

g

À Paris, si tu vas de la GARE DU NORD à Notre Dame, c'est 1 ticket en métro,

mais … 2 tickets en bus.

Pourquoi? Pour encourager les gens à prendre le métro, parce que les bus causent des congestions et de la pollution.

Pour payer moins cher, achète un carnet. Un carnet, c'est 10 tickets de bus et de métro.

h

i

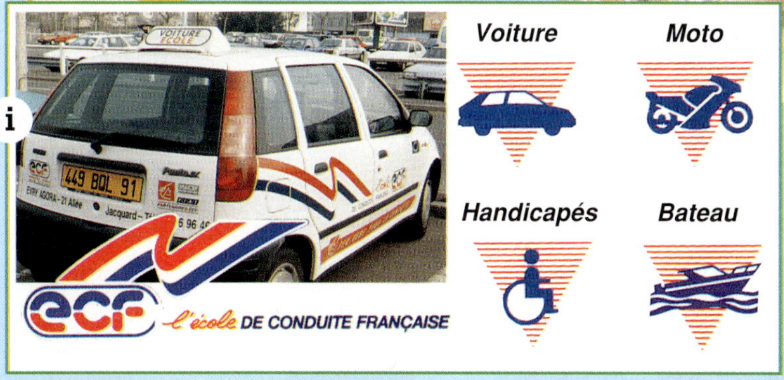

j

La durée du trajet entre le domicile et l'établissement

	durée moyenne (en minutes)
Primaire	9 minutes
Collège	16 minutes
Université	41 minutes

2 C'est quelle lettre?

1. C'est un tram au centre de Strasbourg.
2. C'est très utile pour visiter la capitale française.
3. Vous avez trente ans? Alors ce n'est pas pour vous.
4. C'est une bicyclette assez originale parce qu'elle a un moteur.
5. C'est un article sur les transports à Paris.
6. Ce n'est pas exactement une basket, mais c'est très utile pour les longues promenades.
7. «J'ai une leçon aujourd'hui, mais ce n'est pas au collège.»
8. *Vous désirez?* 12 trains, s'il vous plaît.
9. «Ton école est à quelle distance?»
10. Voici trois moyens de transport.

Comment est-ce que tu vas à l'école?

1 Écoute.

2 Écoute. C'est quelle photo?

a	?	b	?	c	?	d	?	e	?	f	?

3 Travail à deux.

Je vais à l'école	en bus en train en voiture à vélo à pied

Comment est-ce que tu vas à l'école?	*How do you go to school?*
loin	*far*

C 45

4 Écoute. Ton école est loin?

5 Travail à deux.

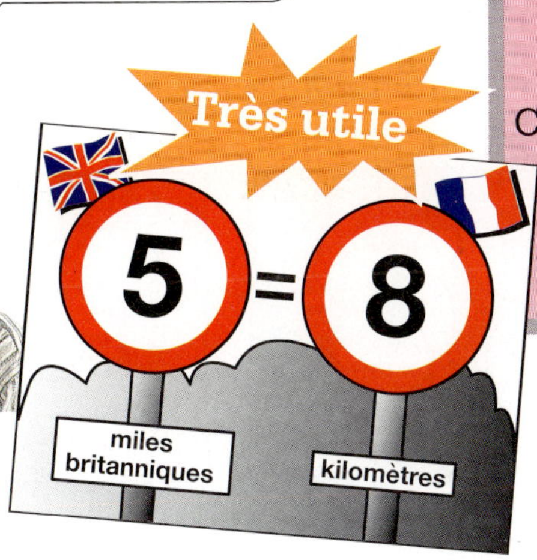

C'est à	dix minutes un quart d'heure une heure	en bus en train en voiture à vélo à pied
	cinq cents mètres deux kilomètres	

C 46, 47

Un changement de routine

1 Écoute *et* lis.

Comment est-ce que tu as aidé **les restos du Cœur**?

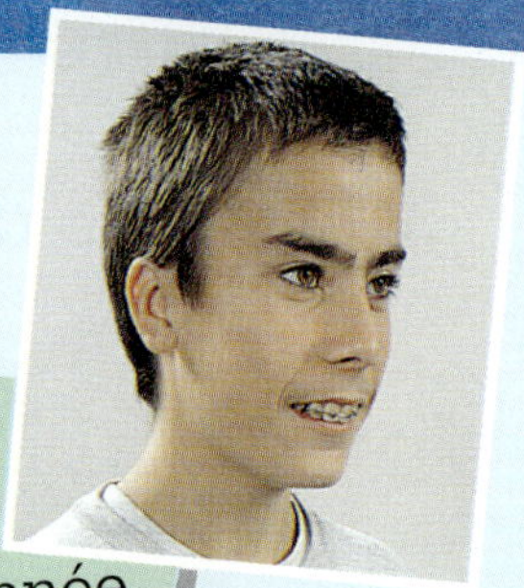

Les restaurants du Cœur aident les SDF en France. Par exemple, ils distribuent des choses à manger et des vêtements. Ils aident aussi les gens à trouver un petit job.

les SDF *the homeless*

(1) Quand je rentre à la maison le samedi, je fais la vaisselle ou je lave la voiture. Mais un samedi, l'année dernière, j'ai fait la vaisselle et j'ai lavé des voitures chez des amis de mes parents. C'est comme ça que j'ai collecté de l'argent pour **les restos**.

(2) Un jour, j'ai organisé une collecte de jeux vidéo, C.D., livres, etc., en bonne condition. Puis, j'ai fait une tombola dans mon club de jeunes. C'était génial!

l'année dernière *last year*

2 C'est quel numéro? Exemple **a – 5**

③ L'année dernière, ma classe a organisé une marche à pied au parc. J'ai demandé un ou deux francs par kilomètre à des copains. J'ai collecté plus de 1 000 francs pour **les restos du Cœur**. Un jour, je voudrais faire un demi-marathon pour **les restos**.

⑤ Normalement je me lève vers 10 heures le dimanche. Mais un week-end l'année dernière, je me suis levé à 6 heures. Pourquoi? Parce que je suis allé dans la cuisine où j'ai fait des gâteaux. Mes amis ont acheté les gâteaux … et ils ont aidé **les restos**.

④ Mes amis et moi, nous faisons souvent les courses au supermarché. Mais un mercredi l'année dernière, nous sommes restés devant le supermarché tout l'après-midi. Là, nous avons organisé une collecte de choses à manger pour **les restos**.

⑥ J'adore le sport, et le dimanche matin je vais à la piscine à vélo. Mais un dimanche l'année dernière, je suis allée à la piscine et j'ai fait cent longueurs. J'ai collecté quatre cents francs pour **les restos**.

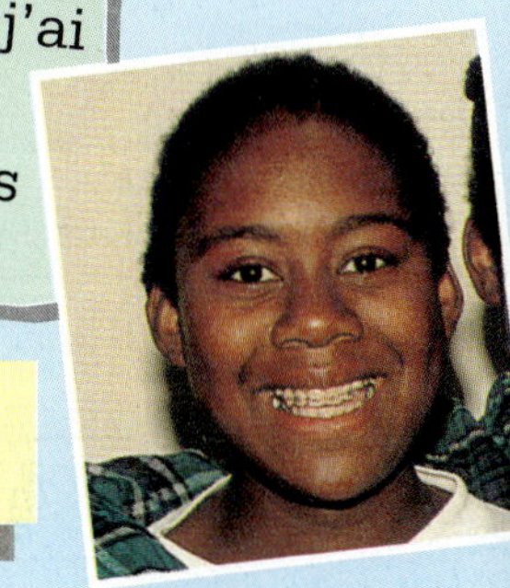

une marche à pied	*a walk*
nous faisons	*we do*

cent longueurs	*100 lengths*

3 Travail à deux.

Parlez d'un changement de routine.

au présent Normalement, je …

au passé

Mais	un jour un samedi	la semaine dernière, l'année dernière,	je suis … j'ai …

C 48, 49

Pas de métro, pas de boulot

1 Écoute *et* chante.

Karaoké

Quand je me lève, il fait souvent froid.
Je prends mes toasts et mon chocolat.
Je quitte la maison. Je vais à la gare.
Mon train arrive à sept heures et quart.

J'arrive au collège, je vais à mes cours.
Je fais la même chose tous les jours.
Ça va, si on veut, mais ce n'est pas
génial
d'aller au collège à Montréal.

Et quand je rentre, je suis fatiguée.
Je prends un sandwich. Je prends du thé.
Puis je commence à faire mes devoirs.
Je me couche normalement vers onze heures
du soir.

Mais … pas de métro, pas de boulot
aujourd'hui
car ce matin, je suis restée au lit.
Télévision, jeux vidéo aujourd'hui
Des croque-monsieur et des gâteaux aussi.

Car je n'ai pas quitté la maison.
Pas de géo. Pas de récréation.
Je ne suis pas allée à mon cours d'histoire.
Je n'ai pas fait mes devoirs.

Car aujourd'hui, je ne suis pas allée à l'école.
Ah non? Pourquoi? Tu es folle?
Qu'est-ce que tu as fait l'après-midi?
Je suis sortie et j'ai fait du ski.

Car aujourd'hui il y a trop de neige
et je ne peux pas aller au collège.
Donc quelquefois, habiter loin,
C'est vraiment très très très très bien!

Alors … pas de métro, pas de boulot aujourd'hui …

tous les jours	every day
je suis sortie	I went out
je ne peux pas	I cannot
trop de	too much
quelquefois	sometimes

2 Regarde le karaoké. Trouve le français.

1 I go to the station.
2 I did not go to school.
3 I do the same thing every day.
4 I did not do my homework.
5 This morning, I stayed in bed.
6 What did you do in the afternoon?
7 I went out.
8 I went skiing.
9 Are you crazy?
10 I cannot go to school.

C 50, 51

Dossier

1 une conversation ...

Tu quittes la maison à quelle heure?

À huit heures.

Comment est-ce que tu vas à l'école?

Je vais à l'école en bus.

C'est loin?

2 un jeu ...

C'est à dix minutes en bus.

C'est le centre commercial?

Non. La semaine dernière, j'ai vu un film là.

C'est le cinéma?

Oui. À toi.

3 un article ...

Un changement de routine

Normalement, le samedi matin, je regarde la télé. Mais un samedi l'année dernière, mon club de jeunes a organisé une marche à pied. J'ai fait plus de 40 kilomètres.

Graffiti

Les grandes vacances … et après!

1 Invente des graffiti.

JE VAIS ALLER À L'ÉCOLE À VÉLO VENDREDI

QUESTIONS À NE PAS POSER EN VACANCES

EN VOITURE
Quand est-ce qu'on arrive?

DANS LE PETIT MAGASIN
Une banane s'il vous plaît, monsieur.
Vous acceptez les chèques?

AU RESTAURANT
Je ne veux pas manger ici, mais je peux utiliser vos toilettes?

À VOS PARENTS
Vous savez si j'ai fermé le robinet dans ma chambre?

SOIRÉE KARAOKÉ

NOM: *Pierre Briard*
TITRE: *Ma fiancée, elle est partie*
REFERENCE: *DB2*

Un étudiant téléphone à sa mère.
– ***Maman, tu as reçu ma lettre?***
– La lettre où tu me demandes 1 000 F?
– ***Oui.***
– Non. Je ne l'ai pas reçue.

N'oublie pas d'acheter ça pour tes vacances en France.

PROMENADE A CHEVAL
LE GRAND HOTEL - DINARD
Mlle Smith
Carte valable au Centre Equestre de Saint-Jouan-des-Guerrets
#124
pour 1 personne
1 PROMENADE D'UNE HEURE

1

Pendant les grandes vacances,

je suis	allé allée	au bord de la mer à la campagne à la montagne	et j'ai	acheté des souvenirs fait des promenades visité un château joué au volley-ball fait mes devoirs regardé la télé
je suis	resté restée	à la maison et	j'ai	
			je suis allé je suis allée	en ville au cinéma

2

C'était	génial ennuyeux

3

4

Je vais à l'école		en bus en train en voiture à vélo à pied
C'est à	dix minutes un quart d'heure une heure	

Très utile

l'année dernière	last year
je suis allé/allée	I went
je vais	I go

L'année dernière
je suis allé en France,
mais normalement **je vais** en Espagne
pendant les grandes vacances.

2 Travail à deux. Posez les questions.

1 Qu'est-ce que tu as fait pendant les grandes vacances?

2 C'était comment?

3 Comment est-ce que tu vas à l'école?

4 C'est loin?

7 Plus tard

1 Lis.

a

b

c

LE VÉLO VIRTUEL

Vous voudriez pédaler à la campagne, sans quitter votre appartement? C'est aujourd'hui possible avec Téctrix, un vélo très spécial. Avec Téctrix, il y a des routes de campagne devant vous, et même du vent. Bonne route!

d

e

f

g

h

❤ **JULIE LESCAUT**

Intelligente, sérieuse, et très très calme. Julie Lescaut, commissaire de police, dans un téléfilm à suspens.

TF1 *20h50*

Qu'est-ce que vous pensez?

❤ Nous avons bien aimé. Vous aussi?

❤❤ Nous avons beaucoup aimé. Et vous?

❤❤❤ C'était super génial. Êtes-vous d'accord avec nous?

VOTRE AVIS SUR CETTE SEMAINE-TÉLÉ

☺ Ce que vous avez **adoré** et pourquoi:	Ce que vous avez **détesté** et pourquoi:

le sida
AIDS

i

LE PRÉSENT, LE FUTUR SELON LES 17 ANS

Aujourd'hui, pour vous, le plus important, c'est …	Filles	Garçons
Les études	37%	28%
Les amis	33%	33%
L'amour	20%	23%
L'argent	10%	16%
Le plus sérieux, pour vous, est de ne pas avoir …		
De job	35%	34%
D'amis	44%	46%
De petit(e) ami(e)	9%	13%
D'enfants	12%	7%

2 C'est quelle lettre?

1 Voici un groupe de jeunes qui vont jouer au volley-ball.
2 «J'ai fait un très long voyage.»
3 Un magazine demande ton opinion sur les émissions de télé récentes.
4 Voici un service téléphonique pour aider les familles avec leurs problèmes.
5 «Ce soir je vais sortir et je vais écouter toutes sortes de musiques.»
6 Voici les résultats d'un sondage.
7 «Je vais juste faire une promenade à vélo … dans le living!»
8 Beaucoup de gens ne sont pas à la maison ce soir.
9 Si tu achètes ce vêtement, tu vas aider des gens.
10 Une élève a posé une question à son professeur.

j

Qu'est-ce que tu voudrais faire?

1 Écoute.

Nom: *Picard*

Prénom: *Rémi*

Loisir préféré: *faire des interviews*

1

2

3

4

5

6

Qu'est-ce que tu voudrais faire plus tard?	*What would you like to do later on?*
heureux/heureuse	*happy*

2 Écoute. C'est quelle image?

a	**?**	**b**	**?**	**c**	**?**	**d**	**?**	**e**	**?**	**f**	**?**

3 Travail à deux.

Qu'est-ce que tu voudrais faire plus tard?

Je voudrais Je voudrais aussi	avoir	un bon job des enfants
	être	riche heureux/heureuse
	aider les gens voyager	

C 53

4 Écris une phrase. Commence par **Il voudrait** ou **Elle voudrait**.

Exemple **a – Elle voudrait être riche.**

a

Comme je voudrais cinq ou six voitures de luxe, je voudrais gagner à la loterie un jour.

b

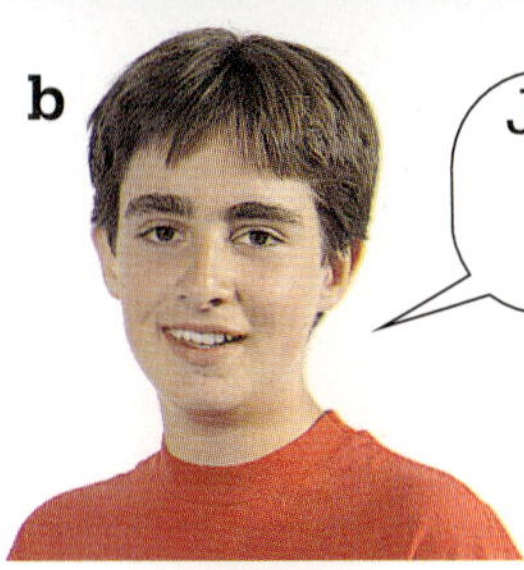

Je voudrais être père un jour, parce que j'adore les enfants.

c

Je voudrais travailler pour les Restos du Cœur ou dans un hôpital.

d

Plus tard, je voudrais travailler dans une banque, parce que j'adore l'argent.

e

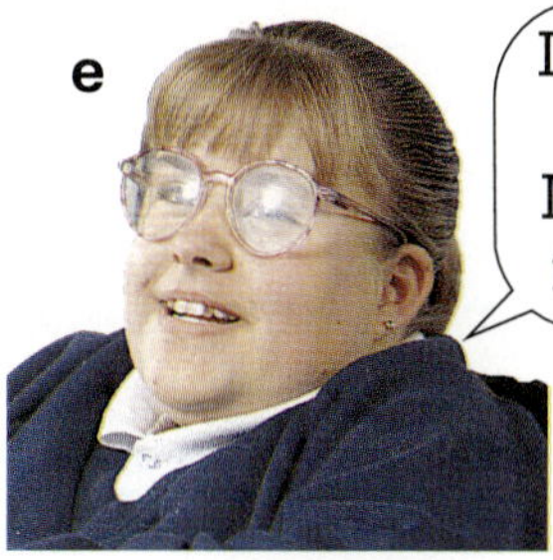

L'année dernière je suis allée aux USA. Maintenant je voudrais faire le tour du monde.

f

L'argent n'est pas important pour moi. Je voudrais aimer et être aimé. C'est tout.

C 54

Le rap de Génial 3

1 Écoute *et* chante.

Refrain 1

Tu te lèves à quelle heure? Tu es comment?
Comment est-ce que tu vas à l'école normalement?
Tu habites où? Tu aimes habiter là?
Si oui, pourquoi? Qu'est-ce qu'il y a là?
Qu'est-ce que tu as fait la semaine dernière?
Tu es déjà allé au bord de la mer?

ALEXANDRA

Je pense que je suis assez sympa.
Je ne suis pas folle de cinéma.
Je ne suis pas sortie le week-end dernier
parce que j'étais trop fatiguée.

Refrain 2

Qu'est-ce que tu as fait pendant les grandes vacances?
Tu es resté chez toi? Tu es allé en France?
Qu'est-ce que tu fais pendant tes loisirs?
Tu aimes danser? Tu préfères lire?
Qu'est-ce que tu vas faire ce soir?
Qu'est-ce que tu voudrais faire plus tard?

2 Trouve le français.

1 Where?
2 What?
3 At what time?
4 Why?
5 How?
6 Have you ever been ... ?
7 Do you like ... ?
8 What did you do?
9 What do you do?
10 What are you going to do?

C 55, 56

ARTHUR

Le week-end je vais chez des copains.
Puis nous allons en ville faire les magasins.
En semaine je me lève à six heures et demie.
Mais le dimanche j'adore rester au lit.

Refrain 1

JACQUES ET CÉCILE

Normalement le dimanche, nous allons au café pour voir nos amis. Mais dimanche dernier nous sommes allés au parc, et puis, après nous avons joué au volley.

Refrain 2

SOPHIE

Je suis allée à Londres l'année dernière.
J'ai beaucoup aimé. C'était super.
Je vais au travail à vélo.
Mais s'il fait mauvais j'y vais en métro.

Refrain 1

ROBIN

Je pense que je suis intelligent.
Plus tard je voudrais aider les gens.
J'habite à Québec avec ma mère.
Il y a beaucoup de choses à faire.

Refrain 2

3 C'est qui? **Alexandra**, **Arthur**, **Jacques et Cécile**, **Sophie** ou **Robin**?

1 Elle est déjà allée en Angleterre.
2 Il n'est pas très modeste.
3 Il sort avec des amis le week-end.
4 Elle n'aime pas beaucoup voir des films.
5 Ils vont souvent au café le week-end.
6 Elle va souvent au travail à bicyclette.
7 Elle est restée à la maison samedi dernier.
8 Ils ont fait du sport le week-end dernier.
9 Il fait souvent du shopping.
10 Il n'habite pas à la campagne.

C 57

Problèmes, problèmes

1 Lis les problèmes et les réponses.

1 La semaine dernière, je suis rentré à minuit. Ma mère était furieuse. Maintenant elle insiste pour que je rentre avant dix heures du soir.

- **a** Ne sors pas.
- **b** Essaie d'en parler avec ta mère.
- **c** Refuse de rentrer avant minuit.

2 Je pense qu'une de mes amies se drogue. Elle refuse de parler du problème. Je voudrais aider mon amie, mais comment?

- **a** Parle aux parents de ton amie.
- **b** Téléphone à S.O.S. Drogue.
- **c** Refuse de revoir ton amie.

3 Je suis assez intelligent et j'aime aller à l'école. Une ou deux personnes dans ma classe se moquent de moi.

- **a** N'écoute pas les personnes qui se moquent de toi.
- **b** Concentre-toi plus sur les devoirs à la maison, et moins au travail en classe.
- **c** Explique le problème à un prof sympa.

4 Je voudrais faire des progrès en biologie, mais c'est très difficile. En plus, mon prof n'est pas sympa et me critique beaucoup.

- **a** Achète des livres qui expliquent bien la biologie.
- **b** Parle du problème avec ton prof.
- **c** Parle du problème avec tes parents.

5 Comme je ne reçois pas d'argent de poche, j'ai commencé à voler de l'argent. Je n'aime pas voler: qu'est-ce que je peux faire?

- **a** Trouve un petit job.
- **b** Explique à tes parents que tu ne veux pas continuer à voler de l'argent.
- **c** Aide plus à la maison, puis demande de l'argent de poche.

se drogue	*takes drugs*
se moquent de	*make fun of me*
me critiquent	*criticize me*

ne sors pas	*don't go out*
essaie d'en parler	*try and talk about it*

2 Travail à deux. Discutez les réponses.

Tu préfères quelle réponse au numéro 1?

Je préfère la réponse 'c'.
Je pense que c'est une bonne idée.

Je ne suis pas d'accord.
Moi, je préfère la réponse 'b'.

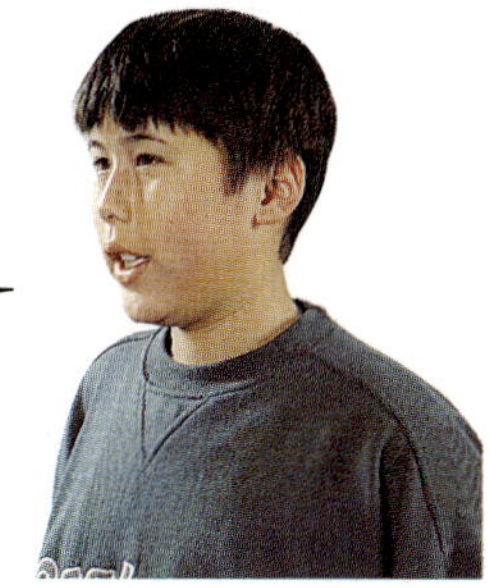

C 58–61

Dossier

1 un rap …

Normalement le samedi je vais au McDo. Mais samedi dernier j'ai fait du vélo.

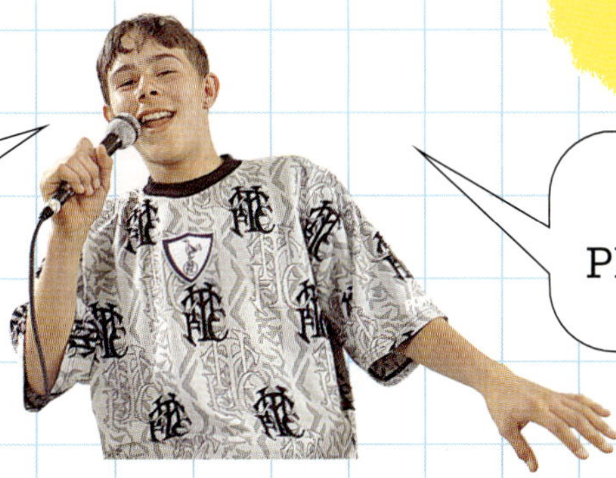

Demain je vais écouter la radio. Plus tard je voudrais aller au Congo.

2 une conversation …

Qu'est-ce que tu as fait le week-end dernier?

J'ai fait du vélo.

Qu'est-ce que tu fais normalement le week-end?

Je fais du vélo.

Qu'est-ce que tu voudrais faire plus tard?

Je voudrais gagner le Tour de France.

3 un problème …

Normalement je vais en vacances avec mes parents. Mais cette année je voudrais aller en vacances avec mon amie. Mon père refuse, parce qu'il pense que c'est dangereux.

a Demande aux parents de ton amie de téléphoner à ton père.
b Explique à ton père que

Qu'est-ce que tu voudrais faire plus tard?

1 Lis.

Le tour du monde … à pied!

Une journée typique … mais pas pour nous!

6h Il se lève et prend son petit déjeuner: du pain, des céréales ou du riz, et beaucoup d'eau.
7h–11h Il fait de 30 à 40 kilomètres en courant à la campagne, en montagne, à la mer, et en ville.
11h Il mange, puis il fait la sieste.
15h–18h Il fait encore 20 à 30 kilomètres.
18h Il arrive à destination. Là, il visite les monuments. Il n'achète jamais de souvenirs.
19h Il trouve un lit pour la nuit.
20h Il mange.
21h Il écrit son journal, puis il se couche.

Djamel en Inde

Djamel aux USA

25 000 kilomètres à pied

Djamel Balhi, moniteur de jogging, a commencé à faire des marathons à l'âge de 17 ans. Huit ans plus tard, il a quitté Paris pour faire le tour du monde en courant.

En deux ans, il a fait 25 000 kilomètres à pied. Pourquoi? «Parce que je suis fou de jogging et j'aime voyager,» répond Djamel.
Qu'est-ce qu'il a aimé le plus? «Les gens.»
Et la chose la plus difficile? «Le plus difficile, c'était les 10 000 premiers kilomètres!»
Et qu'est-ce Djamel voudrait faire plus tard? «Je ne suis jamais allé en Afrique, alors je voudrais bien aller là-bas.»

du riz	*rice*
Il fait de 30 à 40 kilomètres en courant	*he runs 30 to 40 kilometres*

moniteur de jogging	*running instructor*
25 000 kilomètres	*15,625 miles*

2 Regarde l'article encore une fois. Puis réponds aux questions.

1 Djamel prend du café le matin?
2 Il fait le tour du monde en bus?
3 Il fait combien de kilomètres par jour?
4 Djamel va au lit vers quelle heure?
5 Djamel fait quel job?
6 Il est parti de quelle ville?
7 Il a commencé son tour à quel âge?
8 Djamel est déjà allé en Afrique?

3 Lis

Ils sont fous, ces Américains?

Un concert de musique sous l'eau? Oui, c'est vrai. Trois Elvis ont joué du rock sous l'eau, en Floride aux États-Unis. Le public était aussi sous l'eau, avec des masques et de l'oxygène, bien sûr!

C'était comment, le concert? Alan, 19 ans, a dit: «Normalement je n'aime pas le rock, mais j'ai beaucoup aimé le concert. Et je pense que les poissons aussi, ils ont aimé le concert.» Et Sally-Ann, chauffeur de bus, a dit: «Les 3 Elvis étaient très amusants. Ils n'ont pas très bien dansé, mais je suppose que c'est difficile sous l'eau.» Valérie, une Française en vacances en Floride, a dit: «Ils sont fous, ces Américains. Mais c'était original.»

Et le futur des trois Elvis? «Je ne sais pas,» a répondu Bill, chanteur du groupe. «Nous ne sommes jamais allés en Grande-Bretagne. Comme il y a beaucoup de Britanniques qui adorent Elvis Presley, nous voudrions jouer en Grande-Bretagne un jour. Mais il y a un problème. L'eau est très froide là-bas!»

sous l'eau	underwater
du rock	rock 'n' roll

4 Réponds.

Exemple **1 –** Non, **le concert était** sous l'eau.

1. **Le concert était** dans un théâtre?
2. **Les trois Elvis ont joué de la musique** soul?
3. **Le concert était** au Canada?
4. **Alan adore** le rock?
5. **Sally-Ann est** professeur?
6. **Sally-Ann pense que les 3 Elvis étaient** ennuyeux?
7. **Danser sous l'eau, c'est** facile?
8. **Valérie est** américaine?
9. **Bill est** acteur?
10. **En Grande-Bretagne, l'eau est** chaude?

Les questions

est-ce que ... ?

Tu as un animal. — *You have a pet.*

Est-ce que tu as un animal? — ***Do** you have a pet?*

Vous avez fait les magasins samedi. — *You went shopping on Saturday.*

Est-ce que vous avez fait les magasins samedi? — ***Did** you go shopping on Saturday?*

Elle fait souvent la vaisselle. — *She often does the washing-up.*

Est-ce qu'elle fait souvent la vaisselle? — ***Does** she often do the washing-up?*

?

Tu aimes le collège. — *You like school.*

Tu aimes le collège**?** — ***Do** you like school?*

Louise habite à Genève. — *Louise lives in Geneva.*

Louise habite à Genève**?** — ***Does** Louise live in Geneva?*

Les questions

qu'est-ce que ... ? *what?*

1 Qu'est-ce que tu fais le week-end?	***What*** *do you do at the weekend?*
2 Qu'est-ce que vous aimez manger?	***What*** *do you like to eat?*
3 Qu'est-ce qu'il fait de son argent de poche?	***What*** *does he do with his pocket money?*
4 Qu'est-ce qu'elle fait, ta mère?	***What*** *does your mother do?*
5 Qu'est-ce qu'il y a chez toi?	***What*** *is there in your home?*
6 Qu'est-ce qu'il y a là où ils habitent?	***What*** *is there where they live?*
7 Qu'est-ce que nous allons faire ce soir?	***What*** *are we going to do this evening?*
8 Qu'est-ce que tu as fait hier?	***What*** *did you do yesterday?*

Les questions

combien? ***how much? how many?***

1 C'est combien? — ***How much*** *is it?*

2 Tu reçois combien d'argent de poche? — ***How much*** *pocket money do you get?*

3 Il y a combien de personnes dans ta famille? — ***How many*** *people are there in your family?*

comment? ***how? what like?***

1 Comment ça va? — ***How*** *are you?*

2 Elles sont comment? — ***What*** *are they like?*

3 Comment est-ce que vous allez à l'école? — ***How*** *do you get to school?*

4 C'était comment, l'Espagne? — ***How*** *was Spain?*

ATTENTION

5 Il s'appelle comment, ton frère? — ***What*** *is your brother's name?*

Les questions

qui? *who?*

1 C'est **qui**? — ***Who** is it?*

2 **Qui** est George Michael? — ***Who** is George Michael?*

3 **Qui** parle? — ***Who** is talking?*

4 **Qui** va souvent au cinéma? — ***Who** often goes to the cinema?*

5 **Qui** est allé en France? — ***Who** has been to France?*

quel … , quelle … , quels … , quelles … ? *which? what?*

1 **Quel** est ton sport préféré? — ***What** is your favourite sport?*

2 Il est **quelle** heure? — ***What** time is it?*

3 **Quels** sont vos loisirs préférés? — ***What** are your favourite hobbies?*

4 **Quelles** sont ses émissions de télé préférées? — ***What** are his/her favourite TV programmes?*

5 C'est **quelle** image? — ***Which** picture is it?*

ATTENTION

6 Tu as **quel** âge? — ***How** old are you?*

Les questions

pourquoi? *why?*

1 Vous aimez le français? Pourquoi? — *Do you like French?* ***Why****?*

2 Pourquoi est-ce qu'elle aime habiter à la campagne? — ***Why*** *does she like living in the countryside?*

où? *where?*

1 Ils habitent où? — ***Where*** *do they live?*

2 Tu es d'où? — ***Where*** *are you from?*

3 Où se trouve le cinéma? — ***Where*** *is the cinema?*

Très utile

pour répondre à «où se trouve ... ?»

à droite	*on the right*
à gauche	*on the left*
tout droit	*straight on*
devant	*in front of*
derrière	*behind*
à côté de	*next to*
en face de	*opposite*

Important 1

ne ... pas — *not*

1 Je ne suis pas français.	*I am **not** French.*
2 En France, les jeunes ne vont pas au collège le mercredi après-midi.	*In France, young people do **not** go to school on Wednesday afternoons.*
3 Il ne va pas sortir ce soir.	*He is **not** going to go out this evening.*
4 Nous ne sommes pas allés au cinéma hier.	*We did **not** go to the cinema yesterday.*

n' ... pas — *not*

1 Je n'ai pas de chat.	*I do **not** have a cat.*
2 Mon père n'aime pas le football.	*My father does **not** like football.*
3 Ma mère n'est pas allée au travail hier.	*My mother did **not** go to work yesterday.*

ne ... jamais / n' ... jamais — *never*

1 Je ne fais jamais la cuisine.	*I **never** do the cooking.*
2 Elles ne sont jamais allées en Italie.	*They have **never** been to Italy.*
3 Mon professeur n'est jamais en retard.	*My teacher is **never** late.*
4 Ils n'ont jamais vu «Le bossu de Notre Dame».	*They have **never** seen "The Hunchback of Notre Dame".*

Important 2

je pense que …	*I think that …*

assez	*quite*
très	*very*

Je pense que je suis **assez** intelligent et **très** sympa, **mais** je suis **aussi** énervant de temps en temps.

et	*and*
mais	*but*
aussi	*also*

par contre	*on the other hand*
surtout	*especially*

qui	*who, which*

Important 3

à	*at*
vers	*at about*
normalement	*usually*
quelquefois	*sometimes*
souvent	*often*

Normalement je me lève **à** 7 heures, mais **quelquefois** je suis en retard. Le week-end je me lève **souvent** **vers** 10 heures.

le matin	*in the morning*
l'après-midi	*in the afternoon*
le soir	*in the evening*
ou	*or*

Le samedi **matin**, je fais mes devoirs.
L'après-midi, je vais chez des amis.
Le soir, je vais au cinéma
ou je regarde la télé.

L'heure

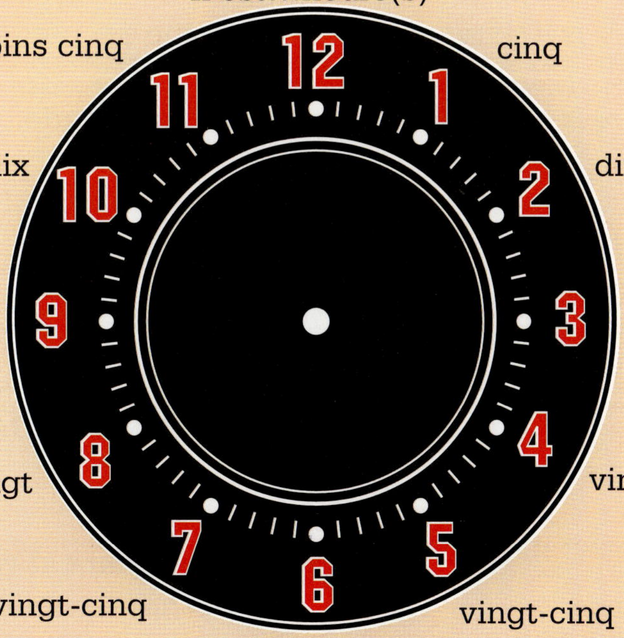

* ☼ 12 il est midi
☽ 12 il est minuit

Important 4

un, une — *a*

SINGULIER

J'ai un frère.	MASCULIN	*I have **a** brother.*
J'ai une sœur.	FÉMININ	*I have **a** sister.*

des

PLURIEL

J'ai **des** poissons tropicaux.	*I have **some** tropical fish.*
J'ai **des** correspondants en France et au Maroc.	*I have penfriends in France and Moro*

le, la, l', les — *the*

Là où j'habite … *Where I live …*

SINGULIER		SINGULIER	
il y a un parc	*there is **a** park*	Le parc est grand.	***The** park is big.*
il y a une piscine	*there is **a** swimming pool*	La piscine est petite.	***The** swimming pool is small.*
il y a une école	*there is **a** school*	**L'**école est grande.	***The** school is big.*
PLURIEL		**PLURIEL**	
et il y a **des** magasins.	*and there are **some** shops.*	**Les** magasins sont grands.	***The** shops are big.*

au, à la, à l', aux — *to the, at the*

SINGULIER

Je vais au parc le week-end.	*I go **to the** park at weekends.*
Je vais à la piscine le dimanche.	*I go **to the** swimming pool on Sundays.*
Je vais **à l'**école en semaine.	*I go **to (the)** school during the week.*

PLURIEL

Je vais **aux** États-Unis de temps en temps.	*I go **to the** USA from time to time.*

Important 5

du, de la, de l', des

J'habite	près du parc		
	à côté de la piscine		
	en face	**de l'**école	
		des magasins	

I live	*near the park*		
	next to the swimming pool		
	opposite	*the school*	
		the shops	

mon, ma, mes *my*

SINGULIER

Mon frère est beau.	MASCULIN	***My** brother is good-looking.*
Ma sœur est belle.	FÉMININ	***My** sister is good-looking.*

PLURIEL

Mes frères sont amusants.	***My** brothers are funny.*
Mes sœurs sont amusantes.	***My** sisters are funny.*
Mes parents sont amusants.	***My** parents are funny.*

		a	the	to the at the	some	my
AU SINGULIER	MASCULIN	un	le	au	du	mon
	FÉMININ	une	la	à la	de la	ma
before a vowel		–	l'	à l'	de l'	mon
AU PLURIEL		–	les	aux	des	mes

Les verbes 1

1 Lis.

	PASSÉ	PRÉSENT
to play	*I played* *I have played*	*I play* *I am playing*
jou**er**	J'ai joué	je jou**e**
regard**er** *to watch*	J'ai regardé	je regard**e**
écout**er** *to listen*	J'ai écouté	j'écout**e**
achet**er** *to buy*	J'ai acheté	j'achèt**e**
fai**re** *to do*	J'ai fait	je fais
all**er** *to go*	Je suis allé Je suis allée	je vais
rest**er** *to stay*	Je suis resté Je suis restée	je rest**e**

2 Travail à deux.

	PASSÉ	PRÉSENT
	Qu'est-ce que tu as fait hier?	Qu'est-ce que tu fais le week-end?
	What did you do yesterday?	*What do you do at the weekend?*

FUTUR

I am going to play

je **vais** jou**er**	au tennis
je **vais** regard**er**	la télé
je **vais** écout**er**	de la musique
je **vais** achet**er**	des vêtements
je **vais** fai**re**	du vélo
je **vais** all**er**	au cinéma
je **vais** rest**er**	à la maison

Qu'est-ce que
tu vas faire
demain?

What
are you going to do
tomorrow?

Les verbes 2

1 Lis.

	PASSÉ	PRÉSENT
	Hier … La semaine dernière …	Aujourd'hui … Normalement …
jou**er** *to play*	j' ai tu as il a elle a nous avons vous avez ils ont elles ont jou é	je jou**e** tu jou**es** il jou**e** elle jou**e** nous jou**ons** vous jou**ez** ils jou**ent** elles jou**ent**
regard**er** *to watch*	j' ai tu as il a elle a nous avons vous avez ils ont elles ont regard é	je regard**e** tu regard**es** il regard**e** elle regard**e** nous regard**ons** vous regard**ez** ils regard**ent** elles regard**ent**
écout**er** *to listen*	j' ai tu as il a elle a nous avons vous avez ils ont elles ont écout é	j' écout**e** tu écout**es** il écout**e** elle écout**e** nous écout**ons** vous écout**ez** ils écout**ent** elles écout**ent**
2 Travail à deux.	Qu'est-ce que tu as fait hier? Qu'est-ce que tu as fait la semaine dernière?	Qu'est-ce que tu fais aujourd'hui? Qu'est-ce que tu fais le week-end?

FUTUR

Demain …
La semaine prochaine …

je	**vais**	jou**er**	au basket
tu	vas		au tennis
il	va		aux jeux vidéo
elle	va		du piano
nous	allons		
vous	allez		
ils	vont		
elles	vont		

je	**vais**	regard**er**	la télé
tu	vas		des vidéos
il	va		un match de football
elle	va		un feuilleton
nous	allons		
vous	allez		
ils	vont		
elles	vont		

je	**vais**	écout**er**	de la musique
tu	vas		la radio
il	va		des cassettes
elle	va		des C.D.
nous	allons		
vous	allez		
ils	vont		
elles	vont		

Qu'est-ce que
tu vas faire
demain?

Qu'est-ce que
tu vas faire
la semaine prochaine?

es verbes 3

1 Lis.

	PASSÉ			PRÉSENT	
	Hier … La semaine dernière …			Aujourd'hui … Normalement …	
all**er** *to go*	je	suis	allé(e)	je	vais
	tu	es	allé(e)	tu	vas
	il	est	allé	il	va
	elle	est	allée	elle	va
	nous	sommes	allé(e)s	nous	allons
	vous	êtes	allé(e)(s)	vous	allez
	ils	sont	allés	ils	vont
	elles	sont	allées	elles	vont
fai**re** *to do*	j'	ai	fait	je	fais
	tu	as		tu	fais
	il	a		il	fait
	elle	a		elle	fait
	nous	avons		nous	faisons
	vous	avez		vous	faites
	ils	ont		ils	font
	elles	ont		elles	font
sort**ir** *to go out*	je	suis	sorti(e)	je	sors
	tu	es	sorti(e)	tu	sors
	il	est	sorti	il	sort
	elle	est	sortie	elle	sort
	nous	sommes	sorti(e)s	nous	sortons
	vous	êtes	sorti(e)(s)	vous	sortez
	ils	sont	sortis	ils	sortent
	elles	sont	sorties	elles	sortent

2 Travail à deux.

PASSÉ	PRÉSENT
Qu'est-ce que tu as fait hier?	Qu'est-ce que tu fais aujourd'hui?
Qu'est-ce que tu as fait la semaine dernière?	Qu'est-ce que tu fais le week-end?

FUTUR

Demain …
La semaine prochaine …

je	**vais**	all**er**	au cinéma
tu	vas		à la piscine
il	va		chez des amis
elle	va		en ville
nous	allons		
vous	allez		
ils	vont		
elles	vont		

je	**vais**	fai**re**	du sport
tu	vas		du vélo
il	va		la cuisine
elle	va		les magasins
nous	allons		
vous	allez		
ils	vont		
elles	vont		

je	**vais**	sort**ir**	avec des amis
tu	vas		en famille
il	va		avec des copains
elle	va		
nous	allons		
vous	allez		
ils	vont		
elles	vont		

Qu'est-ce que tu vas faire demain?

Qu'est-ce que tu vas faire la semaine prochaine?

Vocabulaire français–anglais

Guide aux couleurs

- bleu = nom masculin. *Exemple* (un, le) cadeau
- rouge = nom féminin. *Exemple* (une, la) glace
- **noir+** = verbe. *Exemple* **aime**

Attention aux apostrophes!

Tu cherches j'aime … tu consultes **aime**
Tu cherches l'argent … tu consultes argent

A

a: il a *he has*
il a 15 ans *he is 15 years old*
n'a pas *has not*
on a *we have*
à *to, in, at, on*
à côté *next to*
à toi *your turn*
c'est à 30 kilomètres *it's 30 kilometres away*
accompagne: Adrien l'accompagne *Adrien accompanies her*
achète: j'achète *I buy*
acheté: j'ai acheté *I bought, I have bought*
acheter *to buy*
un acteur *an actor*
un adolescent *a teenager*
adore: j'adore *I love*
âge: ils ont quel âge? *how old are they?*
un agent de police *a police officer*
ai: j'ai *I have*
j'ai … ans *I am … years old*
je n'ai pas de … *I don't have a, any …*
aide: j'aide *I help*
elle aide *she helps*
aidé: j'ai aidé *I helped*
comment est-ce que tu as aidé … ? *how did you help … ?*
aident: ils aident *they help*
aider *to help, helping*
aides: tu aides à la maison? *do you help at home?*
aïe! *ouch!*
aime: j'aime *I like*
je n'aime pas *I do not like*
aiment: ils aiment *they like*
ils n'aiment pas *they do not like*
aimer et être aimé *to love and be loved*
aimes: tu aimes … ? *do you like … ?*
l' Allemagne *Germany*
allé: je suis allé/allée *I went, I have been*
je ne suis pas allé/allée *I have not been*
tu es allé où? *where did you go?*
tu es déjà allé(e) … ? *have you ever been … ?*
tu y es allé? *did you go there?*
aller *to go*
allez *go*
allons: nous allons *we go*
alors *well*
américain, américaine *American*
un ami, une amie *a friend*
amitiés *yours, best wishes*
amusant, amusante *funny*
un an *a year*
il a 15 ans *he is 15 years old*
anglais, anglaise *English*
l' Angleterre *England*
en Angleterre *to England, in England*
l' année dernière *last year*
un anniversaire *a birthday*
une annonce *an advert*
août *August*
un appartement *a flat*
appelle: je m'appelle … *my name is …*
ma grande sœur s'appelle … *my big sister is called …*
appellent: ils s'appellent … *they are called …*
après *after, later, afterwards*
l' après-midi *in the afternoon*
l' argent *money*
l'argent de poche *pocket money*
arrive: j'arrive! *I'm on my way!*
arrivé: je suis arrivé/arrivée *I arrived*
les arts martiaux *martial arts*
as: tu as fini? *have you finished?*
tu n'as pas … *you don't have …*
assez *quite*
au *at the, to the*
au collège *to school, at school*
aujourd'hui *today*
aussi *also*
aux *at the, to the*
avant *before*

un avantage *an advantage*
avec *with, with it*
avez: vous avez ... ? *do you have ...?*
avoir *to have*
avons: nous avons *we have*
avril *April*
poisson d'avril *April Fool*

B

un bain *a bath*
une salle de bains *a bathroom*
baissez le volume *turn it down, keep it down*
une bande dessinée *a comic strip*
une B.D. *a comic, comic strip*
une banque *a bank*
une employée de banque *a (female) bank worker*
le basket *basketball*
une basket *a trainer*
beau, belle *good-looking, beautiful*
beau: il fait beau *the weather is nice*
beaucoup *a lot*
j'ai beaucoup aimé *I liked it a lot*
la Belgique *Belgium*
belle *good-looking, beautiful*
beurk! *yuk!*
une bibliothèque *a library*
bien *well*
bien sûr *of course*
j'aime bien *I like*
regarde bien *look carefully*
bientôt *soon*
à bientôt *till soon*
bienvenue *welcome*
un billet de cinquante francs *a fifty franc note*
des billets de loterie *lottery tickets*
la biologie *Biology*
le bip sonore *the tone (on an answering machine)*
blanc, blanche *white*
bleu *blue*
boire *to drink*
bois: je bois *I drink*
bon, bonne *good, correct*
bon! *right then!*
bon appétit! *enjoy your meal*
bonne chance! *good luck!*
le bord de la mer: au bord de la mer *to, at the seaside*
une boum *a party*
du boulot *work*
un bowling *a bowling alley*
bravo! *well done!*
britannique *British*
brun *brown*
Bruxelles *Brussels*
bruyant *noisy*
un bureau *an office*

C

c', ce *this, it*
c'est à cinq cents mètres *it is 500 metres away*
c'est tout? *is that all?*
ça *that, it*
ça fait deux mois que ... *it is now two months that*
ça va *it is all right, it is OK, things are going well*
ça ne va pas *things are not going well*
un cadeau *a present*
un café *a café, a black coffee*
un cahier *an exercise book*
un calcul *a calculation*
calme *calm, quiet*
la campagne: à la campagne *to, in the countryside*
une cantine *a (school) canteen*
car *for, because*
un car *a coach*
un carnet *a book of tickets*
une carte d'identité *an identity card*
une carte postale *a postcard*
cartes: je joue aux cartes *I play cards*
une catastrophe *a disaster*
à cause de *because of*
ce *this, it*
cent *one hundred*
un centre commercial *a shopping centre*
un centre sportif *a sports centre*
le centre ville *the town centre*
certains *some*
ces *these*
cette *this*
une chambre *a bedroom*
un changement de routine *a change of routine*
une chanson *a song*
chante *sing*
un chanteur *a male singer*
une chanteuse *a female singer*
chaque *each*
chaque année *every year*
charmant *charming*
un chat *a cat, a male cat*
un château *a castle*
une chatte *a female cat*

chaud *hot*
il fait très chaud *it is very hot*
un chauffeur *a driver*
un chauffeur de car *a coach driver*
cher *dear, expensive*
cherche: je cherche *I am looking for*
cherchent: ils cherchent *they look for*
cherchez: vous cherchez *you are looking for*
un cheval: à cheval *on horseback*
cheveux: il a les cheveux bruns *he has brown hair*
chez: chez mes amis *round to, at my friends' houses*
chez moi *to, at my home*
chez toi *to, at your home*
un chien *a dog*
chinois, chinoise *Chinese*
choisis *choose*
la chorégraphe *the choreographer*
une chose *a thing*
beaucoup de choses à faire *a lot of things to do*
des choses à manger *things to eat*
quelque chose *something*
cinq *five*
cinquante *fifty*
collé *stuck*
une collecte *a collection*
collecté: j'ai collecté *I collected*
un collège *a secondary school*
au collège *to, at school*
combien? *how much? how many?*
comme *as, like, just like*
c'est comme ça *that's how*
commence: l'école commence *school begins*
commencé: j'ai commencé *I started, I have started*
commencer *to begin, to start*
comment? *how? what?*
c'était comment? *how was it? what was it like?*
tu es comment? *what are you like?*
ils sont comment? *what are they like?*
comment est-ce que tu vas à l'école? *how do you get to school?*
comment trouver ... *how to find ...*
un commissaire de police *a police commissioner*
complètement *completely*
comprends: je comprends *I understand*
je ne comprends pas *I do not understand*
concentre-toi *concentrate*
conduire *to drive*
consiste en *consists of, is made up of*
contre *against*
par contre *on the other hand*
contribuer *to contribute*
un copain *a friend*
un correspondant, une correspondante *a penfriend*
correspondre avec ... *to write to ...*
corrige *correct*
à côté de *next to*
couche: je me couche *I go to bed*
coucher: je vais me coucher *I am going to go to bed*
un cours *a lesson*
courses: je fais les courses *I do the shopping (for food, etc.)*
coûte: ça coûte *it costs*
un croque-monsieur *a toasted ham sandwich with cheese*
une cuisine *a kitchen*
la cuisine *cooking*

D

d', de *of, from*
d', de la, de l', du, des *some, any, of the*
dangereux, dangereuse *dangerous*
dans *in*
danser: tu aimes danser? *do you like dancing?*
décembre *December*
décident: les quatre amis décident *the four friends decide*
découvrez *discover*
décris *describe*
dedans *inside*
déjà *already*
tu es déjà allé(e) en France? *have you ever been to France?*
délicieux *delicious, delightful*
demain *tomorrow*
demander *to ask*
demi: et demi(e) *half past*
minuit et demi *half past midnight*
quatre heures et demie *half past four*
quinze ans et demie *fifteen and a half*
dernier, dernière *last*
le week-end dernier *last weekend*
l'année dernière *last year*
la semaine dernière *last week*
derrière *behind*
des *some, any, of the*
dès maintenant *from now on*
désirez: vous désirez? *what would you like?*
le dessin *Art*
déteste *hate*

deux *two*
deux sur trois sont ... *two out of three are ...*
travail à deux *pairwork*
tous les deux *both*
deuxièmement *secondly*
devant *in front of*
les devoirs *homework*
difficile *hard*
dimanche *Sunday*
le dimanche *on Sundays*
dis *say*
discutez *discuss*
dit *says*
divisé par *divided by*
dodo: je fais dodo *I go beddy-byes*
le domicile *the home*
donner *to give*
un dossier *a file*
droite: à droite *on the right*
du *some, any, of the*
la durée du trajet *the length of the journey*

E

l' eau *water*
une école *a school*
comment est-ce que tu vas à l'école? *how do you get to school?*
économiser *to save*
l' Écosse *Scotland*
écoute *listen*
j'écoute *I listen*
écoutent: elles écoutent *they listen to*
écouter *to listen*
écrire *to write*
écris *write*
Édimbourg *Edinburgh*
un élève *a pupil*
elle *she, it*
elles *they*
une émission de télé *a TV programme*
une employée de banque *a (female) bank worker*
en *in, to*
en famille *with the family*
en plus *what is more*
encore une fois *once more*
énervant, énervante *annoying*
un enfant *a child*
ennuyeux *boring*
ensemble *together*
entre *between*
une équipe (qui n'a pas envie de perdre) *a team (which does not want to lose)*
es: tu es *you are*
tu es comment? *what are you like?*
tu n'es pas *you are not*
l' Espagne *Spain*
espère: j'espère ... *I hope ...*
est *is*
c'est *it is*
c'est quelle image? *which picture is it?*
c'est qui? *who is it?*
ce n'est pas *it isn't*
il n'est pas *he is not*
est-ce que ... *introduces a question*
et *and*
étais: j'étais *I was*
était *was*
c'était *it was*
ce n'était pas *it was not*
les États-Unis *the USA*
été: j'ai été *I have been*
l' été *the summer*
êtes: vous êtes comment? *what are you like?*
êtes-vous ... ? *are you ... ?*
être *to be, being*
un étudiant *a student*
excursions: quand elle fait des excursions *when she takes day trips*
excuse-moi, **excusez**-moi *excuse me, sorry*
excuse-nous *excuse us, sorry*
exemple: par exemple *for example*
explique *explains*
extra! *great!*

F

face: en face *opposite*
facile *easy*
faire *to do*
faire les magasins *to go shopping (for clothes, gifts, etc.)*
fais: je fais *I do, I am doing*
fais-toi des compliments *be nice to yourself*
faisons: nous faisons *we do*
fait: ça fait ... *it comes to ...*
il fait froid *it is cold*
fait: j'ai fait du ski *I went skiing*
tu as fait des promenades? *did you go for walks?*
tu as fait du vélo? *did you go cycling?*
faites: vous faites *you do, you are doing*
une famille *a family*
en famille *with the family*
fatigué, fatiguée *tired*
faux, fausse *false, wrong*

corrige les phrases fausses *correct the sentences which are wrong*
une femme *a woman*
fermé, fermée *closed, shut*
fermer le robinet *to turn off the tap*
un feuilleton *a soap*
février *February*
une fiche personnelle *a personal record*
une fille *a girl, a daughter*
fini: vous avez fini? *have you finished?*
une fois: encore une fois *one more time*
folle de *crazy about*
font: ils font *they do*
fou de, folle de *crazy about*
un franc *a franc*
français, française *French*
France 2 *a French TV channel*
la francophonie *the French-speaking world*
un frère *a brother*
froid, froide *cold*
s'il fait froid *if it is cold*
le fromage *cheese*
furieux, furieuse *furious*
le futur *the future*

G

un gag *a joke*
gagner *to win*
gagner à la loterie *to win the lottery*
Galeries Lafayette *a big department store in Paris*
Galles: le pays de Galles *Wales*
un garçon *a boy*
une gare *a railway station*
des gâteaux *cakes*
les Gaulois *the Gauls*
généreux *generous*
génial, géniale *great, fantastic*
les gens *people*
la géo *Geography*
grand, grande *big, tall*
les grandes vacances *the summer holidays*
une grand-mère *a grandmother*
la Grande-Bretagne *Great Britain*
la Grèce *Greece*

H

h: 8h *8 o'clock*
habite: j'habite *I live*
il habite à ... *he lives in ...*
habitent: ils habitent *they live*
habiter *to live*
habiter loin *living far away*
habites: tu habites où? *where do you live?*
habitons: nous habitons *we live*
hanté *haunted*
hésites: tu hésites *you hesitate*
heure: à quelle heure? *at what time?*
à trois heures *at three o'clock*
à trois heures et demie *at half past three*
trois heures et demie *three and a half hours*
il est quelle heure? *what time is it?*
il est huit heures *it is eight o'clock*
heureux, heureuse *happy*
hier *yesterday*
l' histoire *History*
un homme *a man*
un hôpital *a hospital*

I

ici *here*
idéal *ideal, perfect*
une idée *an idea*
il *he, it*
il est déjà sept heures *it is aleady seven o'clock*
il y a *there is, there are*
s'il fait mauvais *if the weather is bad*
s'il vous plaît *please*
une île *an island*
l' Île Maurice *Mauritius*
ils *they*
une image *a picture*
un inconvénient *a disadvantage*
indien *Indian*
un infirmier *a (male) nurse*
l' informatique *computing, IT*
insiste: elle insiste pour que ... *she insists that ...*
intéressant *interesting*
inventent: ils inventent *they make up*
l' Irlande du Nord *Northern Ireland*

J

j', je *I*
j'y vais *I go (there)*
jamais, ne ... jamais *never*
il n'achète jamais *he never buys*
janvier *January*
le Japon *Japan*
un jardin *a garden*
jaune *yellow*
un jeu *a game, a game show*
un jeu vidéo *a video game*
j'ai joué aux jeux vidéo *I played computer games*

un jeune, une jeune *a young person*
un job *a job*
joue: je joue *I play*
joué: j'ai joué *I played*
jouent: ils jouent *they play*
jouer *to play*
un jour *a day, one day*
les jours où j'ai cours *the days when I have lessons*
tous les jours *every day*
un journal *a newspaper, a diary*
une journée *a day*
passer la journée *to spend the day*
juillet *July*
juste *just, fair*

L

l', la *the, it*
là *there*
là où tu habites *where you live*
lait: au lait *with milk*
une langue *a language*
lave: je lave la voiture *I wash the car*
la lave-vaisselle *washing-up liquid*
le *it, the*
les *the*
lève: je me lève *I get up*
je me suis levé *I got up*
tu te lèves à quelle heure? *what time do you get up?*
les lignes *the lines*
lire *to read*
lis: je lis *I read*
lisent: ils lisent *they read*
un lit *a bed*
je vais aller au lit *I am going to go to bed*
je suis resté au lit *I stayed in bed*
un living *a living room*
un livre *a book*
loin: loin du collège *far from school*
c'est loin? *is it far?*
ce n'est pas loin de *it is not far from*
les loisirs *free time, free time activities*
pendant mes loisirs *in my spare time*
Londres *London*
la loterie *the lottery*
lundi *Monday*
des lunettes *glasses*
des lunettes de soleil *sunglasses*
de luxe *luxurious*

M

ma *my*
madame *madam, Mrs.*
les magasins *the shops*
un grand magasin *a department store*
maintenant *now*
mais *but*
une maison *a house*
à la maison *at home*
la Maison des Jeunes *the youth centre*
mal de vivre? *a difficult life?*
mange: je mange *I eat*
manger *to eat*
une marche à pied *a walk*
mardi *Tuesday*
une matière *a subject*
ma matière préférée *my favourite subject*
le matin *in the morning*
ce matin *this morning*
huit heures du matin *8 o'clock in the morning*
matinée: toute la matinée *all morning*
mauvais: il fait mauvais *the weather is bad*
un McDo *a McDonald's*
me: je me couche *I go to bed*
je me lève *I get up*
même *even, same*
il n'y a même pas de … *there is not even a …*
la même chose *the same thing*
la mer *the sea*
merci *thank you*
mercredi *Wednesday*
un membre *a member*
une mère *a mother*
mes *my*
le métro *the underground*
métro, boulot, dodo *underground, work, sleep*
mets dans le bon ordre *put in the right order*
midi *midday, lunchtime*
Minitel *French public information service*
Minou! *puss!*
minuit *midnight*
modeste *modest*
moi *me, myself*
moins *less*
au moins *at least*
... heures moins le quart *a quarter to ...*
le moins ... *the least ...*
un mois *a month*
mon *my*
le monde *the world*

le tour du monde *a trip round the world*
tout le monde *everybody*
monsieur *sir, Mr.*
la montagne: à la montagne *to the mountains*
en montagne *in the mountains*
un mot *a word*
mots croisés *crossword*
un moyen de transport *a means of transport*
un musée *a museum*
la musique *music*

N

n' … pas *not*
ils n'aiment pas *they don't like*
ne … pas *not*
je ne suis pas *I am not*
pourquoi ne pas …? *why not …?*
neige: il ne neige jamais *it never snows*
ni *nor*
noir *black*
un nom *a surname*
non *no, not*
le nord *north*
l'Irlande du Nord *Northern Ireland*
normalement *normally, usually*
nos *our*
notre *our*
Notre Dame *a famous cathedral in Paris*
nous *we, to us*
la nuit *night*
un numéro *a number*

O

octobre *October*
offert *free*
on, l'on *one, we, you*
quand on est petit *when you are small*
ont: ils ont *they have*
ils ont entre quinze et seize ans *they are between 15 and 16*
ils ont quel âge? *how old are they?*
qui n'ont pas *who don't have*
un ordinateur *a computer*
organisé: j'ai organisé *I organized*
ou *or*
où *where*
tu es allé où? *where did you go?*
oublie: n'oublie pas *don't forget*
oublié: qui a oublié *who forgot*
oui *yes*
ouvert, ouverte *open*

P

paie *pays*
le pain *bread*
papa *Dad*
Pâques *Easter*
par *by, per*
par contre *on the other hand*
par exemple *for example*
par kilomètre *per kilometre*
par personne *per person, each*
un parc *a park*
parce que, parce qu' *because*
parce qu'il y a *because there is*
parce qu'il n'y a pas de *because there is not*
pardon *sorry*
parle: parle du problème *talk about the problem*
on parle *we talk*
parler *to speak, to talk*
en parler *talking about it*
je vais vous parler de … *I am going to tell you about …*
parti: il est parti *he has left, he left*
partir: avant de partir *before leaving*
pas, ne ... pas *not*
je ne suis pas *I am not…*
pourquoi ne pas…? *why not…?*
passer la journée *to spend the day*
passer les vacances *to spend the holidays*
une patinoire *an ice rink*
payer *to pay*
un pays *a country*
le pays de Galles *Wales*
pendant *during*
pendant les grandes vacances *during the summer holidays*
pense: je pense *I think*
je pense à ... *I am thinking about ...*
je pense que ... *I think that ...*
pensé: a pensé que ... *thought that ...*
pensent: elles pensent *they think*
pensez: qu'est-ce que vous pensez? *what do you think?*
perdre *to lose*
un père *a father*
une personne *a person*
deux personnes *two people*
petit, petite *small, little*
mon petit ami *my boyfriend*
ma petite amie *my girlfriend*
le petit déjeuner *breakfast*

un petit job *a part-time job*
un peu *a little, a bit*
peut: ne peut pas voir *cannot see*
peux: je peux *I can*
je ne peux pas *I cannot*
tu peux *you can*
on peut *we can, you can*
une phrase *a sentence*
la physique *Physics*
la pièce *the room*
pied: à pied *on foot*
une marche à pied *a walk*
une piscine *a swimming pool*
plaît: s'il vous plaît *please*
pleut: il pleut *it rains, it is raining*
plus *more*
en plus *what is more, also*
le plus ... *the most ...*
plus de *more than*
plus tard *later*
une poche *a pocket*
un point: points communs *things in common*
le point *update*
poisson d'avril *April Fool*
porte: il porte *he is wearing*
je porte des lunettes *I wear glasses*
on porte *we wear*
un porte-monnaie *a purse*
posé: a posé une question *asked a question*
poser: questions à ne pas poser *questions not to ask*
posez les questions *ask the questions*
un poulet *a chicken*
pour *for, to*
pourquoi? *why?*
préfère: je préfère *I prefer*
préféré, préférée *favourite*
premier, première *first*
premièrement *firstly*
un Premier Ministre *a Prime Minister*
prends: je prends le petit déjeuner *I have breakfast*
prennent: elles prennent le petit déjeuner *they have breakfast*
un prénom *a first name, Christian name*
près de *near*
une présentatrice *a (female) presenter*
pris: j'ai pris des photos *I took photos*
un problème *a problem*
un prof *a teacher*
un professeur *a teacher*
progrès: faire des progrès *to make progress*
promenades: j'ai fait des promenades *I went for walks*
propose de ... *suggests that ...*
une publicité *an advertisement*
puis *then*
puni *punished*

Q

quand *when*
quarante *forty*
quart: un quart d'heure *a quarter of an hour*
six heures et quart *quarter past six*
neuf heures moins le quart *quarter to nine*
quatorze *fourteen*
quatre *four*
que *which, than, that*
je pense que *I think that*
quel, quelle? *which, what?*
ils ont quel âge? *how old are they?*
à quelle heure? *at what time?*
quels sont ... ? *what are ... ?*
quelque chose *something*
quelquefois *sometimes*
qu'est-ce que, qu'est-ce qu' *what?*
qu'est-ce que vous pensez? *what do you think?*
qu'est-ce qu'il y a chez toi? *what is there in your home?*
qu'est-ce qu'on fait? *what shall we do?*
qu'est-ce que tu as fait? *what did you do?*
qu'est-ce que tu voudrais faire plus tard? *what would you like to do later on?*
qu'est-ce qui ne va pas? *what's wrong?*
qui *who, which*
qui? *who?*
c'est qui? *who is it?*
avec qui *with whom*
quinze *fifteen*
quitte: je quitte la maison *I leave home*
quitté: il a quitté *he left*
quittent: les filles quittent les garçons *the girls leave the boys*
quitter *to leave*
quoi? *what?*
à quoi pense une fille? *what do girls think about?*

R

reçois: je ne reçois pas d'argent de poche *I don't get, receive any pocket money*
la récréation *break*
reçu: tu as reçu ... ? *did you receive ... ?*

refuse: elle refuse *she refuses*
refuse de revoir ton amie *refuse to see your friend again*
refusé: tu as refusé de ... *you have refused to ...*
regarde *look at, watch*
regarde bien *look carefully*
regardé: j'ai regardé *I watched*
regardent: elles regardent *they watch*
regarder *to watch*
relie *match up*
rentre: je rentre à la maison *I return home*
rentré: je suis rentré/rentrée *I returned home*
tu es rentré/rentrée à quelle heure? *what time did you return home?*
rentrer *to return home*
répète *repeat*
répond *replies*
réponds *reply*
une réponse *an answer*
resté: je suis resté/restée *I stayed*
rester *to stay*
un résultat *a result*
retard: en retard *late*
retournent: ils retournent *they go back*
retrouvent: ils se retrouvent *they meet*
ils ne retrouvent pas *they do not find*
rêvé: comme vous l'avez rêvé *as you have dreamed it*
revoir: au revoir *goodbye*
revoir ton amie *to see your friend again*
riche *rich*
un rime *a rhyme*
rime: ça rime *it rhymes*
une robe *a dress*
rouge *red*
une route de campagne *a country road*
bonne route! *have a good journey!*
roux: les cheveux roux *red hair*
le Royaume-Uni *the UK*
la rue *the street*

S

s' *if*
s'il fait beau *if the weather is nice*
sa *his, her, its*
un sac *a bag*
sais: je sais *I know*
je ne sais pas *I do not know*
une salle de bains *a bathroom*
salut! *hi!*
samedi *Saturday*
sans *without*
sauver *to save*
scandaleux *scandalous, shocking*
les SDF *the homeless*
se: il se couche *he goes to bed*
elle se lève *she gets up*
seize *sixteen*
une semaine *a week*
la semaine dernière *last week*
sept *seven*
une série *a TV series*
ses *his, her, its*
seul: tout seul *on your own*
si, s' *if*
si on veut *I suppose*
le sida *Aids*
une sieste *a siesta, an afternoon nap*
la SNCF *French Railways*
une sœur *a sister*
un soir: ce soir *this evening*
le soir *in the evenings*
samedi soir *on Saturday evening*
soixante-cinq *sixty-five*
soleil: il y a beaucoup de soleil *there is a lot of sun*
des lunettes de soleil *sunglasses*
s'il fait soleil *if the weather is sunny*
sommes: nous sommes *we are*
nous sommes allés *we went*
nous sommes sortis *we went out*
son *his, her, its*
un sondage *a survey*
sont: ils/elles sont *they are*
cinq personnes sont allées *five people went*
sors: je sors avec *I go out with*
sortent: ils sortent *they go out*
sortes: toutes sortes de *all sorts of*
sorti: je suis sorti/sortie *I went out*
je ne suis pas sorti/sortie *I did not go out*
sortir (avec) *to go out (with)*
sous l'eau *underwater*
souvent *often*
sportive *sporty*
sucres collés avec du Scotch double-face *sugar lumps stuck together with double-sided sticky tape*
le sud *the south*
le sud-est *the south east*
suis: je suis *I am*
je ne suis pas *I am not*
je suis allé/allée *I went*
Suisse: en Suisse *in Switzerland*
suivre: à suivre *to be continued*

super *great, very*
superbe *terrific*
un supermarché *a supermarket*
sur *on, about*
deux sur trois *two out of three*
un jeune sur six *one young person in six*
surtout *especially, above all*
un sweat *a sweatshirt*
sympa *nice*

T

ta *your*
un tableau, des tableaux *a table, tables*
tard *late*
plus tard *later on*
des tartines au ketchup *bread and ketchup*
te: tu te lèves à quelle heure? *what time do you get up?*
un teddy *a baseball jacket*
la télé *television*
à la télé *on TV*
le temps *time, weather*
de temps en temps *from time to time*
je n'ai pas le temps *I do not have the time*
quel temps fait-il? *what is the weather like?*
une tente *a tent*
tes *your*
du thé *some tea*
toi *you, yourself*
et toi? *what about you?*
ton *your*
le tour de la France *a tour of France*
le tour du monde *a trip round the world*
la Tour Eiffel *the Eiffel Tower*
tous: tous les deux *both*
tous les jours *every day*
tout *everything, all*
c'est tout? *is that all?*
tout l'après-midi *all afternoon*
tout le monde *everyone*
tout petit *very small*
tout près *very near*
toutes sortes de ... *all sorts of ...*
travaille: je travaille *I work*
elle travaille *she works*
travailler *to work*
treize *thirteen*
trente *thirty*
très *very*
troisièmement *thirdly*
trop *too, too much*
trouve *find*
je trouve *I find*
où se trouve ... ? *where is ... ?*
il se trouve *it is*
trouvé: j'ai trouvé *I have found*
trouver *to find*
trouver un job *to find a job, finding a job*
tu *you (to a young person, friend or relative)*

U

un, une *a, one*
utile *useful*
utiliser *to use*

V

va: elle va *she goes, she is going*
ça va *it is all right, I am all right*
ça va très bien *that is fine, I am very well*
ça va être *it is going to be*
ça ne va pas être *it is not going to be*
on va gagner *we are going to win*
les vacances *the holidays*
les grandes vacances *the summer holidays*
vais: je vais *I go, I am going*
la vaisselle: je fais la vaisselle *I wash up*
vas: qu'est-ce que tu vas faire? *what are you going to do?*
comment est-ce que tu vas à l'école? *how do you go to school?*
un vélo: à vélo *by bike*
vendredi *Thursday*
vers *at about*
vers sept heures *at about seven o'clock*
vert *green*
une veste *a jacket*
des vêtements *clothes*
veut: ça veut dire *this means*
veux: tu veux ... ? *do you want ... ?*
je veux *I want*
la vie *life*
viens: tu viens d'où? *where do you come from?*
vient: s'il vient *if he comes*
si elle vient *if she comes*
une ville *a town*
en ville *to, in town*
vingt *twenty*
visité: je n'ai pas visité *I did not visit*
vite *quickly*
vivez *live*
voici *here is, here are*
voient: elles voient *they see*
voilà *there is, there we are*
vois: je vois *I see*

voit: Adrien voit *Adrien sees*
une voiture *a car*
en voiture *by car*
une voix *a voice*
volé: qui a volé *who stole*
voler *to steal*
un voleur *a thief*
le volley *volleyball*
vont: elles vont *they go, they are going*
vos *your*
votre *your*
voudrais: je voudrais *I would like*
qu'est-ce que tu voudrais faire plus tard?
what would you like to do later on?
voulait *wanted to*
vous *you (to an older person who is not a relative, or to more than one person), to you*
voyager *to travel*
vrai *true*
vraiment *really*
vu: j'ai vu *I saw*

W

des W.C. *toilets*

Y

y *there*
il y a *there is, there are*
il n'y a pas de *there is not, there are not any*
tu y es allé? *did you go there?*

Z

zut! *drat!*

Solutions de la page 10 exercice 4

1 est	**6** n'est pas
2 est	**7** n'est pas
3 est	**8** n'est pas
4 est	**9** est
5 est	**10** n'est pas